Erbsünde – was ist das?

Siegfried Wiedenhofer (Hrsg.)

Erbsünde – was ist das?

Verlag Friedrich Pustet Regensburg

Themen der Katholischen Akademie in Bayern.

Die Deutsche Bibliothek – CIP-Einheitsaufnahme

Erbsünde – was ist das? / Siegfried Wiedenhofer (Hrsg.). –
Regensburg : Pustet, 1999
(Themen der Katholischen Akademie in Bayern)
ISBN 3-7917-1627-1

verlags gruppe engagement

ISBN 3-7917-1627-1

Umschlaggestaltung: Treitner Kreation & Kommunikation, München
Gesamtherstellung: Friedrich Pustet, Regensburg
Printed in Germany 1999

Inhalt

Vorwort

Mit dem Erbsündendogma verhält es sich seltsam. War im traditionellen katholischen Katechismus die Erbsündenlehre noch ein selbstverständlicher Teil der katholischen Weltauslegung, so ist dies heute für viele Menschen außerhalb, aber auch innerhalb der Kirchen fraglich geworden. Je stärker sich z. B. die evolutive wissenschaftliche Welterklärung durchsetzte, um so mehr mußte die kirchliche Sündenfall- und Paradiesgeschichte an Glaubwürdigkeit einbüßen, bis sie schließlich zur »Sache mit dem Apfel« verkommen ist, die nur noch in der Form der Persiflage, des Witzes und der Ironie weiterlebt. Auch der historische Zusammenhang zwischen Erbsündendogma und Verteufelung der Sexualität wirkt heute nicht gerade als Empfehlung. Für den modernen Menschen scheint das Erbsündendogma überhaupt ein grundsätzliches Problem darzustellen. Im aufkommenden Bürgertum wird die Sünde ja bereits seit dem 18. Jahrhundert radikal säkularisiert. Der bürgerliche Mensch, der nun seines Glückes Schmied sein will, kann sich nicht mehr so einfach als Sünder, und schon gar nicht als Sünder aus fremder Schuld (Adam und Eva) verstehen. Sobald aber aus der religiösen Sündenerfahrung vor Gott eine moralische Vorstellung wurde, mußte die Erbsünde in der Tat unverständlich werden.

Auf der anderen Seite spielt die Erbsündenlehre mindestens in der westkirchlichen abendländischen christlichen Tradition seit Augustinus eine ganz zentrale Rolle. Und hellsichtige Gläubige wie etwa Blaise Pascal haben seit dem Beginn der Neuzeit entschieden an diesem Dogma festgehalten, weil für sie darin die Tiefe des Menschseins auf dem Spiel gestanden ist: »Das Erstaunlichste indessen ist, daß das Geheimnis, das unser Begreifen am meisten übersteigt, das von der Vererbung der Sünde, ein Ding ist, ohne das wir keine Kenntnis von uns selbst haben können. Denn fraglos, nichts gibt es, was unsere Vernunft mehr empört als die Aussage, daß die Sünde des ersten Menschen alle die schuldig gemacht haben solle, die, da sie so entfernt von diesem Ursprung sind, unfähig zu sein scheinen, daran teilzuhaben. Diese Fortsetzung scheint uns nicht nur unmöglich, sondern im höchsten Maße sogar ungerecht, denn was könnte den Gesetzen unserer elenden Gerechtigkeit mehr widersprechen als daß ein Kind, unfähig zur Willensäußerung, für eine Sünde ewig verdammt ist, an der es so wenig teilzuhaben scheint und die sechstausend Jahre vor seiner Geburt begangen wurde? Fraglos, nichts erregt heftigeren Anstoß als diese Lehre und indessen sind wir uns selbst ohne dies unverständlichste Mysterium unbegreifbar« (Pensées Nr. 434). Und auch moderne Philosophen wie Adorno und Kolakowski halten die Erbsündenlehre in säkularisierter und philosophisch transformierter Form für essentiell. Es lohnt sich also doch, auch theologisch noch einmal genauer hinzusehen.

Der erste Beitrag, der Beitrag des Exegeten Erich Zenger, bietet eine Auslegung der entscheidenden Texte des Alten Testaments (des Ps 51 vor allem, aber auch des Ps 130, und natürlich der Sündenfallgeschichten in Gen 3–9), verbunden mit hermeneutischen Hinweisen, die die eigentümlichen Voraussetzungen dieser alttestamentlichen Texte im Unterschied zur traditionellen historisierenden Darstellung der Sündenfallgeschichten sichtbar machen sollen. Der systematisch-theologische Beitrag von Siegfried Wiedenhofer will nicht nur die entscheidende Phase der Entstehungsgeschichte des Erbsündendogmas (Augustinus) erläutern, sondern auch seinen heutigen Sinn möglichst deutlich herausarbeiten. Der Beitrag des Moraltheologen Peter Fonk bezieht die Erbsündenlehre zunächst auf Erfahrungen unentrinnbarer Schuldzusammenhänge und tragischer Verstrickungen im Zusammenhang der jüngeren deutschen Geschichte (Biographien von Kindern von Nazi-Verbrechern) und läßt dann auf diesem Hintergrund die Geschichte des Erbsündendogmas noch einmal Revue passieren, um schließlich zu fragen, was die anthropologische Grunderfahrung, die im Erbsündendogma gemeint ist, für eine erneuerte Tauftheologie bedeuten kann.

Siegfried Wiedenhofer

Zum biblischen Hintergrund der christlichen Erbsündentheologie

ERICH ZENGER

1. Gesamtbiblische Hermeneutik

Die christliche Erbsündentheologie ist der Versuch, die Tiefendimensionen menschlicher Sünde im Spannungsfeld von Schöpfung und Erlösung, aber auch von Schuldverstrickung und Freiheit bzw. Schuldvergebung auszusagen. Auch wenn sich manche Ausprägungen der kirchlichen Erbsündenlehre aus alttestamentlicher Sicht, aber auch aus der Sicht des nachbiblischen Judentums kaum biblisch legitimieren lassen, hat diese christliche »Lehre« gleichwohl einen biblischen Hintergrund, der hilfreich sein kann, um das mit »Erbsündentheologie« Gemeinte differenzierter zu erfassen und es vor allem in jenen biblischen Zusammenhang einzuordnen, der einerseits falsche Assoziationen ausschließt und der andererseits die unaufgebbaren Implikationen dieses Theologumenons deutlich werden läßt.
Der klassische Schriftbeleg für die kirchliche Erbsündenlehre findet sich im Römerbrief, nämlich in Röm 5,12: »Durch einen einzigen Menschen kam die Sünde in die Welt und durch die Sünde der Tod, und auf diese Weise gelangte der Tod zu allen Menschen, weil alle sündigten.« Und es ist keine Frage, daß diese Formulierung, die stark von der frühjüdischen Theologie beeinflußt ist und die ihre paulinische Engführung durch die Adam-Christus-Typologie erhalten hat, zu historistischen Mißverständnissen geführt hat, von denen auch der Römische Weltkatechismus nicht ganz frei ist.[1] Diese Mißverständnisse brauchen hier nicht weiter diskutiert zu werden. Im Kontext einer gesamtbiblischen Hermeneutik geht es

heute vielmehr darum, die neutestamentlichen Aussagen im Licht ihrer alt- bzw. ersttestamentlichen Bezugstexte so zu lesen, daß die ersttestamentlichen Texte zunächst einmal sich selbst so aussprechen können, daß sie dann mit den neutestamentlichen Texten zusammen das biblische Fundament unseres Glaubens ergeben.

Als klassische Bezugstexte im Alten Testament für die neutestamentlich inspirierte Erbsündentheologie dienten in der kirchlichen Tradition die sogenannte Erzählung vom Sündenfall in Gen 3 und Psalm 51,7 »Siehe, ich bin in Schuld geboren, und meine Mutter hat mich in Sünde empfangen«. Gen 3 diente als Beweis für jene Dimension der Erbsündenlehre, die man in der lateinischen Theologensprache »peccatum originale originans« nannte. In Gen 3, so sagte man, wird erzählt, wie der Stammvater bzw. wie die Stammeltern der Menschheit am Anfang der Menschheitsgeschichte durch ihre Sünde jenen von Gott nicht gewollten Zustand der Menschheit herbeiführten, in dem sich seither alle einzelnen Nachkommen Adams und Evas vor jeder eigenen Freiheitstat schon vorfinden und den man deshalb »Erbsünde« nannte: »In Adam haben *alle* gesündigt«. Die Sünde Adams war der Ursprung *und* die Ursache jenes Sündenbazillus, von dem jeder Mensch vom Anfang seiner individuellen Existenz an befallen sei. Diese nach-adamitische Dimension der »Erbsünde« hieß in der Sprache der lateinischen Theologie »peccatum originale originatum«. Als Schriftbeleg für diese Seite der Erbsündentheologie gilt der schon zitierte Vers Ps 51,7.

Ich beschränke mich in meinem Beitrag darauf, diese beiden klassischen Schriftbelege aus dem Alten/Ersten Testament dadurch etwas genauer zu beleuchten, daß ich sie in ihren größeren *und* notwendigen Textzusammenhang stelle.[2] Mit diesem methodischen Verfahren möchte ich zugleich aufzeigen, daß beide Texte in der Tat hilfreiche Hinweise geben können für die Diskussion über die Frage dieses Bandes: »Erbsünde – was ist das?«

2. Das Menschenbild des biblischen Israel

Das biblische Israel hat begeistert von der guten Welt des guten Gottes erzählt und gesungen. Es hat die Menschen als Abbilder Gottes definiert und ihnen damit eine singuläre Berufung und Würde im Kosmos zugesprochen. Israel hat sich selbst als »Kronjuwel« (Ex 19,5), ja als »Augapfel« (Dtn 32,10; Sach 2,12; vgl. Ps 17,8) seines Gottes verstanden. Begeisterter als Israel hat wohl kaum jemand von sich selbst, von seinem Land, von der Erde und vor allem von seinem Gott geredet: »Und Gott sah alles, was er gemacht hatte: siehe, sehr gut ist es!« (Gen 1,31). Ja, »Gott hat das Ganze schön gemacht zu seiner Zeit« (Koh 3,11), das war sogar noch die »Erkenntnis« des Skeptikers Kohelet, dem der naive Optimismus seiner Weisheitskollegen auf die Nerven ging.
Aber zugleich und spannungsreich daneben muß festgehalten werden: Realistischer und offener hat auch kaum jemand über die Sünde Israels und der einzelnen Menschen geredet als das biblische Israel. Israel ist nie dem Unschuldswahn verfallen, der die Sünde verdrängt und beschönigt. Israel hat weder seine Ursprünge glorifiziert noch seine Geschichte mystifiziert. Die Erzähler und die Propheten, die Weisheitslehrer und die Psalmendichter wußten um das Rätsel des Bösen und um den Hang der Menschen zum Bösen. Sie haben die Verantwortung der Menschen betont, und sie haben die Sünde konkret beim Namen genannt. Niemand haben sie davon ausgenommen. Sie haben weder ihre Könige geschont noch ihre »heiligen« Stammväter Abraham, Isaak und Jakob. Und Mose, Aaron und Mirjam haben sie mit und in ihrer Sünde behaftet. Was unserer Kirche, wie das neue vatikanische Dokument über Kirche und Schoa' belegt,[3] so schwer fällt, nämlich explizit von der *amtlichen* Sünde ihrer Amtsträger und Institutionen zu sprechen, war für das biblische Israel im Horizont seiner Berufung als *Gottesvolk* unverzichtbar, nämlich daß das Sündenbekenntnis und die Bitte um Vergebung am großen Versöhnungsfest beim Hohenpriester beginnt und dann die ganze Priesterschaft und das ganze Volk einschließt.[4] Die biblische Überlieferung Israels weiß um das, was wir heute die soziale und die strukturelle Sünde nennen. Immer und immer wieder hat sie die

Menschen mit der destruktiven, widersinnigen Macht der Sünde konfrontiert. Und sie hat die sündigen Menschen aufgerufen, die Wege der Sünde zu verlassen und Wege der Umkehr zu gehen.
Vor allem hat die Überlieferung Israels eingeschärft, daß die Sünde Gottes-Verweigerung, Selbst-Verfehlung und Zerstörung der gottgegebenen Lebensordnungen ist: eine Störung des Lebens, die Gott, der Liebhaber des Lebens (vgl. Weish 11,26), nicht hinnimmt – um des Lebens willen! Deshalb schleudern die Propheten und die Erzähler den Sündern das Nein des Zornes Gottes entgegen. Dieses Nein macht die Schwere der Sünde und ihren Widerspruch zur Liebe Gottes offenbar. Aber dieses Nein zur Sünde ist zutiefst ein Ja zum Sünder – eben des biblischen Gottes, der nicht den Tod des Sünders will, sondern daß er umkehrt und lebt (vgl. Ez 18,23). Der biblische Gott spricht das Urteil über die Sünde und den Sünder, aber er verurteilt nicht – sondern »vergibt« die Sünde. Weil er der liebende Gott ist, dessen »mütterliches Herz« sich gegen den »väterlichen Zorn« wendet (vgl. Hos 11,1–9), kämpft er mit seinem Volk und mit dem einzelnen um einen »Ausweg« aus dem Unheilszusammenhang, den die Sünde auslöst, und aus dem kein Mensch sich aus eigener Kraft befreien kann. Vor allem die nachexilische Theologie Israels hat dieses realistisch-pessimistische Menschenbild entwickelt, es aber zugleich so mit einem weitherzigen Gottesbild korreliert, daß eine insgesamt optimistische Anthropologie das Ergebnis war.

3. Psalm 51: Miserere

Eindrucksvolles Beispiel dieser Anthropologie im Spannungsfeld von radikaler Sündenverfallenheit und geradezu bedingungsloser Zuwendung des Leben ermöglichenden Gottes ist *der 51. Psalm*, den die christliche Tradition nach seinem Anfangswort in der Vulgata-Fassung »Miserere-Psalm« nennt. Er gehört zu den sieben kirchlichen Bußpsalmen. Er hat auf Grund seiner jahrhundertelangen Verwendung bei den Trauer-Metten der Kartage (in der Sixtinischen Kapelle zu Rom) Hunderte von Kompositionen erhalten. Im 20. Jahrhundert hat insbesondere der Maler und Graphiker

Georges Rouault in seinem 57 Blatt umfassenden Zyklus »Miserere« (1917–1927, erschienen 1948) die Leidenschaft nachempfunden, mit der dieser Psalm an der Last der Sünde leidet und dem Aushalten dieses Leids im Angesicht Gottes neues, tiefes Leben verheißt.

In einer Arbeitsübersetzung lautet der 51. Psalm folgendermaßen:

1 Für den Chorleiter. Ein Psalm Davids,
2a als zu ihm kam Natan, der Prophet,
2b nachdem er eingegangen war zu Batseba.

3a Sei mir gnädig, Gott, nach deiner Güte,
3b nach deinem großen Erbarmen tilge aus meine Verbrechen.
4a Wasche mich ganz rein von meiner Schuld,
4b und von meiner Sünde reinige mich!
5a Ja, meine Verbrechen erkenne (bekenne?) ich,
5b und meine Sünde ist gegen mich allezeit,
6a gegen dich allein habe ich gesündigt,
6b und das in deinen Augen Böse habe ich getan,
6c so daß du gerecht bist bei deinem Reden,
6d daß du makellos bist bei deinem Richten.
7a Siehe, in Schuld bin ich geboren,
7b und in Sünde hat mich empfangen meine Mutter.
8a Siehe, Wahrheit willst du im Innersten,
8b und im Verborgenen läßt du mich Weisheit erkennen.
9a Entsündige mich mit Ysop, daß ich rein werde,
9b wasche mich, daß ich weißer werde als Schnee!
10a Laß mich hören Wonne und Freude,
10b es sollen jauchzen die Knochen, die du zerschlagen hast.
11a Verbirg dein Angesicht vor meinen Sünden,
11b und alle meine Schuld tilge aus!

12a Ein reines Herz schaffe mir, Gott,
12b und einen festen Geist erneuere in meinem Inneren.
13a Nicht wirf mich weg von deinem Angesicht,
13b und deinen heiligen Geist nimm nicht von mir.
14a Laß mir wiederkehren die Wonne deines Heils,

14b und mit einem willigen Geist stütze mich.
15a Ich will lehren die Verbrecher deine Wege,
15b daß die Sünder zu dir zurückkehren.
16a Rette mich von Blutschuld, Gott, Gott meines Heils,
16b daß meine Zunge juble über deine Gerechtigkeit.
17a Allherrscher, öffne meine Lippen,
17b daß mein Mund verkünde dein Lob.
18a Denn du willst nicht ein Schlachtopfer,
18b ich würde es geben,
18c an einem Brandopfer hast du kein Gefallen.
19a Opfer Gottes sind ein zerbrochener Geist,
19b ein zerbrochenes und zerschlagenes Herz, Gott, verachtest du nicht.

20a Tue Gutes in deinem Wohlgefallen an Zion,
20b baue die Mauern Jerusalems wieder auf!
21a Dann wirst du Gefallen haben an Schlachtopfern der Gerechtigkeit,
21b an Brandopfer und an Ganzopfer,
21c dann wird man opfern auf deinem Altar Stiere.

Der Psalm hat ein *sehr individuelles Profil.*[5] Zwar kann man versuchen, in ihm die typischen Elemente eines Klagepsalms auszumachen: Anrufung Gottes (V.3–4), Bekenntnis der Schuldverstrickung als Notschilderung (V.5–8), Bitte um Sündenvergebung und Erneuerung als Bitte um ein Ende der Not (V.9–14), Lobgelübde (V.15–19), doch wird dies weder der den ganzen Psalm durchziehenden Bitt-Struktur (beachte die vielen Imperative!) gerecht, noch ist hier die einen Klagepsalm kennzeichnende Auseinandersetzung mit Gott und mit den Feinden (sie fehlen im Psalm überhaupt) gegeben. So wird man den Psalm am ehesten als »Bittgebet eines einzelnen« bestimmen, der aus *drei Teilen* besteht (läßt man die redaktionelle Überschrift V.1–2 zunächst einmal unberücksichtigt): V.3–11.12–19.20–21. Die Markierung der ersten zwei Teile wird durch die jeweils spezifische Thematik »Sündenbekenntnis und Bitte um Sündenvergebung« (V.3–11) sowie »Bitte um ein neues Herz und einen neuen Geist« (V.12–19) angezeigt. Diese

Abgrenzung der ersten zwei Teile wird auch durch ihre jeweilige literarische Rahmung betont. Die den ersten Teil eröffnende Bitte »tilge aus mein Verbrechen« beschließt auch diesen Teil, wobei durch die Totalitätsangabe der zusammenfassende Charakter unterstrichen wird: »und alle meine Schuld (im Hebräischen steht hier sogar der Plural!) tilge aus!« Auch der zweite Teil ist semantisch gerahmt: Die anthropologischen Begriffe »Herz« und »Geist«, mit denen dieser Teil beginnt, beschließen ihn auch (in spiegelbildlicher Reihenfolge). Beide Teile werden auch jeweils mit der Anrufung Gottes eröffnet; nach einer nicht unbegründeten Hypothese[6] stand statt des Gattungsbegriffs »Gott« hier ursprünglich der Gottesname JHWH (so auch in V.16a.19b). Beide Teile, die Gottes *reinigendes* und *erneuerndes* Handeln am Beter erflehen, sind insofern von einer parallelen Dynamik bestimmt, als sie beide die Freude und den Jubel als Zeichen der Zuwendung Gottes herbeisehnen. Der dritte Teil, die *Verse 20–21*, wird von den meisten Auslegern als Erweiterung des Grundpsalms V.3–19 beurteilt; diese Erweiterung gibt dem individuellen Bittgebet eine explizit kollektive Perspektive, was für unser Thema nicht ohne Bedeutung ist. Die *Verse 1–2* sind ebenfalls eine spätere Hinzufügung, die den Psalm als Bußgebet Davids nach seinem Ehebruch mit Batseba deutet. Auch dies gibt dem Psalm noch einmal eine zusätzliche Perspektive, die ich hier leider nicht näher beleuchten kann.[7]

Der erste Teil des Psalms (V.3–11) wird eröffnet mit einem dreifachen Appell *(V.3–4)* an JHWHs Gnade (*ḥen*), Güte (*ḥæsæd*) und Erbarmen (*raḥamīm*). Dieser Appell gilt dem Sinaigott, der sich in Ex 34,6f selbst so definiert: »JHWH ist ein barmherziger und gnädiger Gott, langmütig und groß an Güte … vergebend Schuld und Verbrechen und Sünde«. Diese drei Eigenschaften JHWHs, die die Großzügigkeit eines Höheren gegenüber seinem Untergebenen (»Gnade«), die selbstlose und opferbereite Solidarität zwischen Verwandten und Liebenden (»Güte«) und die durch nichts zu zerstörende Bindung von Eltern an ihre Kinder (»Erbarmen«) in dem einen JHWH vereinigen, sind die aus der Geschichte JHWHs *mit seinem Volk* vorgegebenen Erfahrungen, denen sich der individuelle Beter des Psalms unter der Last seiner Schuldverstrickung aussetzt. Mit den drei wichtigsten Begriffen für Sünde, die auch andernorts in dieser Trias begegnen (vgl. Ps 32,1f; 103,10.12 sowie Lev 16,21), werden unterschiedliche Dimensionen von Sünde gebündelt, die sich in der Realität freilich vermischen. »Verbrechen« (*pæšaᶜ*) meint die Auflehnung und den Verstoß gegen die grundlegende Lebens- und Heilsordnung Gottes (vgl. Gen 3). »Schuld« (*ᶜāwōn*) ist die Zerstörung *und* der Schaden, die man anrichtet und die einen dann auch selbst bedrohen; es ist die Schuldverstrickung und der Unheilszusammenhang, die durch eine einzelne Tat konstituiert und aktiviert werden (vgl. Gen 4). »Sünde« (*ḥaṭāʾt*) bezeichnet das Abweichen vom richtigen Lebensweg und die Verfehlung des aufgetragenen Zieles; dieser Begriff wurde zunehmend zum Begriff für Sünde als Verstoß gegen JHWH, insofern »Sünde« die Nicht-Annahme und die Nicht-Verwirklichung der dem Menschen von seinem Gott gegebenen Bestimmung und Lebensmöglichkeiten ist. Durch die drei Verben, mit denen der Beter unseres Psalms seinen Gott um Befreiung von seiner vielschichtigen Sünde bittet, wird diese als Schmutz qualifiziert, der seinen Lebensraum, seine Kleider, ja sein Inneres beschmutzt. Dementsprechend bittet er darum, daß Gott diesen Unrat »wegwischt«, wie man eine Schüssel auswischt (vgl. 2 Kön 21,13), daß er den Beter gründlich abwäscht, wie man Kleider auswäscht (vgl. Ex 19,10), und daß er ihn bis ins Innerste davon reinigt, wie man die Metalle durch einen Schmelzprozeß läutert (vgl. Mal 3,3).

In einem entfalteten Sündenbekenntnis *(V.5–8)* breitet der Beter sodann die Last seiner sündigen Existenz vor seinem Gott aus. Jenseits aller Versuche, Schuld abzuschieben oder zu verharmlosen, kommt hier die ganze Ambivalenz menschlichen Lebens zur Sprache. Sie besteht darin, daß der Mensch einerseits die eigene Verantwortung für seine Schuld durchaus wahrnimmt und daß er andererseits sich gegenüber der Macht der Sünde ohnmächtig erfährt. Er erkennt, daß er weit und immer wieder hinter seiner menschlichen Berufung zurückbleibt und daß er dadurch Unheil stiftet. Und zugleich nimmt er wahr, daß seine Sünde aus einer ihm rätselhaften Tiefe seiner menschlichen Existenz herkommt und in seinem Mensch-Sein wurzelt – vielleicht oder sogar wirklich vom Anfang seiner Existenz her. So jedenfalls sagt es unser

Psalm in seinem berühmten Vers 7, der in der kirchenamtlichen »Einheitsübersetzung« lautet:

> Denn ich bin in Schuld geboren;
> in Sünde hat mich meine Mutter empfangen.

Daß dieser Vers bei der Ausbildung jener kirchlichen Erbsündenlehre, wonach die Erbsünde durch Fortpflanzung und nicht durch Nachahmung übertragen werde, so daß sie jedem neugeborenen Kind anhafte, und daß dieser Vers zugleich eine fatale Rolle bei der moraltheologischen Beurteilung der Sexualität gespielt hat, soll hier nur angemerkt werden. Daß der biblische Text mit solchen verqueren Gedanken nicht das Geringste zu tun hat, ist uns heute klar. Der Vers selbst macht eine wichtige theologische Aussage, vor allem dann, wenn er nicht isoliert gelesen wird. Der Vers ist nämlich eine Reflexion über das in V.6 formulierte Bekenntnis:

> An dir, an dir allein habe ich gesündigt,
> und das in deinen Augen Böse habe ich getan.

Hier werden die zwischenmenschlichen Versagen und Vergehen, die vorher als Einzeltaten beklagt wurden, ausdrücklich als ein Schuldig-Werden vor Gott qualifiziert, als ein Zurückbleiben hinter jenen Möglichkeiten, die vom Schöpfergott gegeben und vom Menschen als seinem Geschöpf gleichwohl nicht realisiert werden. Um diese Spannung geht es, wenn der Beter des Psalms diese Situation als *Zustand* beklagt, mit dem er sein Dasein von Anfang an, eben von Geburt und Empfängnis an, behaftet. Daß er dabei Geburt und Empfängnis benennt, läßt auch die soziale Dimension seiner von der destruktiven Macht der Sünde bedrängten Existenz anklingen. Er ist Sünder gerade als Mitglied einer sozialen Gemeinschaft, in die er hineingeboren wird.
Die menschliche Ohnmacht gegenüber der Macht der Sünde, die bis ins Innerste des Menschen reicht, wird dann in einer nochmals ansetzenden Bitte um Befreiung aus dieser Sündenverfallenheit (V.9–11) gesteigert. Mit bildhafter Anspielung auf die rituelle Reinigung der Aussätzigen (vgl. Lev 14) sowie der durch die Berührung mit Toten in den gefährlichen Machtbereich des Todes Geratenen (vgl. Num 19) wird einerseits die Sünde in ihrer

ansteckenden (Aussatz) und tödlichen Destruktivität gekennzeichnet, andererseits wird aber gerade dem gütigen und barmherzigen Gott zugetraut, daß er von dieser Krankheit und von diesem Tod befreien und neue Lebensfreude schenken kann.
Hat der erste Teil des Psalms die menschliche Existenz in ihrem radikalen Ausgeliefertsein an die Sünde und die damit gegebene fundamentale Rettungsbedürftigkeit gezeichnet, so zeichnet der *zweite Teil des Psalms (V.12–19)* die gleiche menschliche Existenz als immer schon im Horizont der belebenden, vergebenden und rettenden Zuwendung Gottes lebendes Leben. Beide Aussagen stehen in einem unaufgebbaren Spannungsverhältnis zueinander, d. h. die biblische Wahrnehmung der Sündenverfallenheit des Menschen ist keine *in sich selbst* ruhende Aussage, sondern muß *grundsätzlich* als Teilbotschaft über den die Menschen gerade *als Sünder* liebenden Gott gehört werden. Die Sündenverfallenheit des Menschen ist nach biblischer Auffassung Signal seiner Angewiesenheit auf das Heil als Gabe Gottes. Und der zweite Teil von Psalm 51 setzt voraus, daß es diese belebende Zuwendung Gottes gibt – und daß sie vom Menschen in freier Tat angenommen werden kann. Daß Gott die von der Macht der Sünde *gestörte, aber nicht zerstörte* menschliche Existenz immer wieder »erneuert«, ist die Realität, die der Psalm in seinem zweiten Teil erbittet und zugleich verheißt.
Mit einer Kette von Bitten (V.12–15), die auf die Verheißung des Ezechielbuchs anspielen, wonach JHWH sein Volk reinigen (vgl. den ersten Teil unseres Psalms) und ihm ein neues Herz und einen neuen Geist geben wird, damit es seine Tora leben könne (vgl. Ez 11,19f; 36,24–28), erfleht der Beter eine derart fundamental ansetzende und tiefgreifende Rettung aus der beklagten Schuldverstrickung, daß er dafür zu Recht die beiden Verben »schaffen« und »erneuern« (V.12) gebraucht. Angesichts der den Menschen vom ersten Augenblick seiner Existenz an bedrohenden tödlichen Krankheit »Sünde« bittet er darum, daß Gott ihn von der Mitte seiner Existenz her mit neuem Leben begnaden möge. »Herz« und »Geist« sind nach alttestamentlichem Denken die beiden Grundkräfte, aus und mit denen der Mensch lebt. Das »Herz« (*leb*) ist der Sitz der (praktischen) Vernunft. Das Herz ist das »Organ«, mit dem

der Mensch die Welt- und Lebensordnung erfaßt. Das Herz ist vor allem das Organ, mit dem der Mensch Gott hört und sich ihm öffnet. Von daher wird verständlich, wieso der junge Salomo, als Gott ihm (wie im Märchen) die Erfüllung eines Wunsches gewährt, bittet: »Verleihe deinem Knecht ein hörendes Herz, damit er dein Volk zu regieren und das Gute vom Bösen zu unterscheiden versteht« (1 Kön 3,9). Dagegen ist »Geist« (*rū*^{a}*ḥ*) das Zentrum der Lebenskraft und des Willens. Am »Geist« hängen gewissermaßen Leben und Tod. Wer »Geist« hat, hat Anteil an Gottes »Geist«, der durch den »Geist« den Menschen befähigt, an seiner Stelle (als Prophet, als König, als Charismatiker) zu reden und zu handeln. Es ist also nichts Geringes, um was der Beter von Ps 51 angesichts seiner leidvollen Erfahrung mit seinem »bloßen« Menschsein bittet: Er bittet darum, daß Gott ihm ein »reines *Herz*« schaffen möge, damit er die Lebensordnungen, ja das Gottgeheimnis erfassen kann. Und noch mehr bittet er um den rechten *»Geist«* (gleich dreimal!), damit er das mit dem Herzen Erkannte konsequent (»fester Geist«) und mit Hingabe, ja mit Liebe (»williger Geist«) tun kann. Wenn Gott seinen »heiligen Geist« in ihm wirken läßt, kann er »heilig« leben, d. h. in jener intensiven Lebensgemeinschaft mit dem heiligen Gott, so daß die zerstörerische Unheilsmacht der Sünde gebrochen und der durch sie ausgelöste Unheilszusammenhang unterbrochen wird. Durch Gottes »heiligen Geist« wird ein Leben nach der im Heiligkeitsgesetz verkündeten Maxime »Seid heilig, weil/wie ich, euer Gott, heilig bin!« (vgl. Lev 19,2) möglich.

Noch einmal setzt der Beter mit seiner Bitte um Befreiung von der zerstörerischen Macht der Sünde an (V. 16–19; Neueinsatz markiert mit der Anrede »Gott«). Er greift das Verbum »herausreißen, retten« auf, mit dem die großen Befreiungserfahrungen Israels gefeiert werden (vgl. Ex 3,8; 5,23; 6,6; 18,8.10; Ri 6,9; 1 Sam 10,18), und bittet mit ihm darum, aus der »Blutschuld« der Sünde, d. h. aus dem tödlichen Kreislauf der Lebensvernichtung, in den die Sünde stürzt, herausgerissen zu werden.

Die für uns eigenartige Rede von der »Blutschuld« der Sünde spielt auf eine Rechtspraxis an, die ein schweres Vergehen mit der Todesstrafe ahndete. Eine andere Wurzel dieser Rede ist die urtümliche Vorstellung, daß das gewaltsam vergossene Blut nach

Vergeltung (»Blutrache«) schreit (vgl. Gen 4,10 sowie die Redewendung »das Blut komme über sein/unser Haupt« [Jos 2,19; 2 Sam 1,16; 1 Kön 2,37; Mt 27,25]). Errettung aus »Blutschuld« meint hier also nicht nur Errettung aus »blutigem Strafgericht«, sondern Rettung vor allem Tun, das zu einem solchen »Strafgericht« führen könnte. Letztlich zielt die Bitte auf die Rettung vor der tödlichen Knechtschaft der Sünde und auf die »Erlösung von dem Bösen«. Wo solches geschieht, begegnet der Mensch »dem Gott des Heils« und Gottes »Gerechtigkeit«, er erfährt seinen Gott als den, der nicht den Tod des Sünders will, sondern daß er sich zu ihm wendet und darin Leben und Freude findet (vgl. Ez 18,1–32; 33,10–20).

Auf Rettung aus tödlicher Gefahr antwortete der Gerettete mit einem Dankopfer (vgl. Noach nach der Sintflut [Gen 8,20] sowie die Dankopferversprechen in den Psalmen [54,8f; 66,13–15; 116,17–19 u. ö.]), bei dem er zugleich JHWH als den guten Rettergott feierte und verkündete (vgl. Ps 22,23; 26,12; 35,18 u. ö.). Unser Psalm aktualisiert in V.18 die prophetische Opferkritik, die statt der Opfer den Gottesgehorsam und das Tun von Recht und Gerechtigkeit fordert (so auch die Weisheit [vgl. Spr 15,8; 21,3.27; 28,9 sowie bes. Sir 34,21–35,22]). Zugleich stößt der Psalm in V.19 (ähnlich wie Ps 40,7–10; 69,31f) zu einer »neuen« Opfertheologie durch: Nicht irgendwelche Gaben, die den Geretteten »symbolisieren« sollen, sondern *sich selbst* als den an Herz und Geist erneuerten Menschen übergibt er seinem Gott. Das ist das Opfer, das Gott als den Schöpfer und Retter verkündet und an dem Gott Wohlgefallen hat: Daß der selbstgefällige, hartherzige und hochmütige Sünder sich von ihm »zerbrechen« läßt und vor ihm »klein und arm« wird (zu diesem Verständnis von V.19 vgl. bes. Ez 6,9; Ps 34,19).

Wenn der Psalm dann im *dritten Teil, in den Versen 20–21,* die in literargeschichtlicher Hinsicht eine spätere Fortschreibung sind, die Vision von der eschatologischen Vollendung Zions andeutet, dann muß diese Vision im Kontext der vorher entfalteten Dialektik von menschlicher Sündenverfallenheit und Gottes gnädiger Zuwendung als Hinweis auf die von Gottes rettendem Handeln intendierte Gemeinschaft der Menschen untereinander und mit dem rettenden Gott gelesen werden. Das aber heißt in unserem Zusammenhang: So sehr einerseits die menschliche Sündenverfallenheit das menschliche Zusammenleben bedroht, so sehr zielt andererseits die dem Menschen geschenkte Anteilgabe am Leben Gottes darauf hin, dieses Leben mit anderen zusammen zu teilen, zu gestalten und zu feiern.

Blicken wir auf Ps 51 zurück, so ist festzustellen: Von »Erbsünde« im traditionellen Sinn ist hier nicht die Rede. Der Beter des Psalms redet auch nicht von der Sünde der anderen Menschen, weder um sich selbst damit zu entlasten, aber auch nicht um sich selbst damit fatalistisch zu belasten. Der Beter meditiert vielmehr seine ureigenen Erfahrungen des individuellen Schuldigwerdens und der ihm dadurch bewußt werdenden Ohnmacht. Nach unserem Psalm »tritt die Sünde nicht erst in einem bestimmten Augenblick des Lebens ein, sondern kommt aus der Tiefe der überindividuellen Vergangenheit heraus ins einzelne Leben. Wie das vor sich geht, wird hier nicht ausgebreitet. Doch daß die Sünde ins Vorpersonale verlängert wird, ist eindeutig.«[8] Hier wird jener Aspekt der kirchlichen Erbsündenlehre sichtbar, der *die Radikalität und die Destruktivität der menschlichen Sünde* betonen will. Doch *zugleich* wird in unserem Psalm sichtbar, daß dieser Destruktivität *die erneuernde, belebende Zuwendung Gottes* entgegenwirkt. Beide gehören zusammen wie die zwei Seiten einer Medaille.

4. Psalm 130: De Profundis

Nur einen kurzen Seitenblick können wir auf einen anderen Psalm werfen, der vor allem in der Tradition der reformatorischen Kirchen in der Erbsündentheologie bzw. in der damit eng verbundenen Rechtfertigungslehre eine herausragende Rolle spielte und spielt. Ich meine den *130. Psalm.*[9] Auch dieser Psalm ist mit seinen lateinischen Anfangsworten »De profundis« in unsere Sprache und vor allem in Dichtung und Kunst eingegangen, nicht zuletzt, weil auch er offensichtlich eine tiefe, allgemeine Lebenserfahrung widerspiegelt und zusammenfaßt. Martin Luther zählte diesen Psalm wegen seiner theologischen Nähe zum Römerbrief (vgl.

besonders Röm 3 und 5) zu den »paulinischen Psalmen« und er hielt ihn für einen »der kostbarsten und wichtigsten Psalmen, weil er über die Rechtfertigung handelt, jenen Glaubensartikel, von dem gilt: wenn der steht, steht die Kirche, wenn der fällt, fällt die Kirche«.[10]

Ich zitiere die *erste Strophe* dieses Psalms (Ps 130,1–4) in einer *Übertragung*, die die in ihm zur Sprache kommende Sündentheologie paraphrasierend-umschreibend wiedergeben will:

Aus Tiefen rufe ich dich, JHWH,
  Herr, höre doch meinen Schrei.
Möchten doch deine Ohren aufmerksam sein
  für meinen Schrei um Gnade.
Wenn du den durch die Sünde bewirkten Unheilszusammen-
    hang durchsetzen würdest, Jah (= JHWH),
  Herr, wer könnte dann Bestand haben?
Ja, denn bei dir ist Vergebungsbereitschaft,
  so daß du als Gott gesucht und erfahren wirst.

Diese erste Strophe des »De profundis« setzt mit einer metaphorischen Ortsangabe ein, die die Situation des Beters angibt. Er versinkt in »Wassertiefen«, die über ihm zusammenschlagen und aus denen er sich nicht mehr retten kann. Er ist umspült von Chaos- und Todeswassern (vgl. Jes 51,10; Jona 2,3), die ihn in die Tiefe ziehen (vgl. Ps 69,3) – weg aus der Gemeinschaft der Menschen und weg von der Nähe Gottes. Was ihm geblieben ist, ist sein Schrei nach JHWH. Es ist ein Schrei der Klage, die sich mit der Situation nicht abfinden will, und ein Hilferuf, der aus dem Vertrauen aufsteigt, daß da ein Gott ist, der hört. Er klagt freilich kein Recht ein, sondern er schreit nach Gnade und Erbarmen. Mit einer rhetorischen Frage im Irrealis faßt der Beter dann in verallgemeinernder Form zusammen, worin seine tiefe Not besteht. Er ist in den Strudel der Todeswasser geraten, weil er gesündigt hat und die Last seiner bösen Tat am eigenen Leibe und an der eigenen Seele erleidet. Er erfährt die selbstzerstörerische Macht der Sünde, aus deren Teufelskreis keiner sich selbst befreien kann. Das Unheil, das der Sünder wirkt, entfaltet eine Dynamik, die auch ihn selbst niederwirft (vgl. Ps 38,5; 65,4; 107,17) und in seiner Personmitte vernich-

tet (vgl. Ps 40,13). Wenn JHWH darüber wachen würde, daß der Zusammenhang von Untat und Unheil immer wirksam bleibt, könnte kein Mensch Bestand haben. Das ist einer der radikalsten Sätze der ganzen Bibel: *Jeder* Mensch *ist* Sünder, als Sünder verweigert er sich dem Heil und zerstört sich selbst und die anderen (vgl. Gen 6,5.11f). Aber zugleich deutet der Beter auch an, daß Gott diese aus Sünde kommende Todesverfallenheit unterbrechen kann und will (vgl. Gen 8,21f; 9,11–15), weil sein innerstes Wesen »Vergebungsbereitschaft und Vergebung« ist. Dieser Begriff (und damit diese Eigenschaft) wird alttestamentlich nur von Gott ausgesagt. Daß er allein die Selbstvernichtungsmechanismen des schuldiggewordenen Menschen aufheben will und kann, gründet in seiner Göttlichkeit, die Neh 9,17 so definiert: »Du bist ein Gott der Vergebungen« (Plural der unbegrenzten Fülle). Gerade das Bittgebet in Neh 9 zeigt, daß göttliche Vergebung mehr ist, als daß Gott großzügig Sünden nicht »beachtet« (wie die »Einheitsübersetzung« V.3 übersetzt). Wenn Gott vergibt, heißt das, daß er positiv der zerstörerischen Macht der Sünde Einhalt gebietet, indem er sich in Gnade dem schuldverfallenen Menschen zuwendet, um ihm Leben in »Gottesfurcht« zu ermöglichen, d. h. Leben in einem erneuerten und erneuernden Treueverhältnis (zu dieser Bedeutung von dem im hebräischen Text verwendeten Begriff »Gottesfurcht«/»Gott fürchten« vgl. besonders Dtn 10,20).
Auch im 130. Psalm wird sichtbar, daß die biblische Reflexion über die destruktive Macht der Sünde im Dienst der Verkündigung der gerade dem Sünder als Sünder sich zuwendenden Güte Gottes steht. Der Psalm redet in diesem Sinn *theologisch* von der Sünde und insofern rede ich selbst von Sündentheologie, auch von »Erbsündentheologie«. Eine entscheidende Differenz zwischen Ps 51 und Ps 130, also zwischen dem Miserere-Psalm und dem De profundis-Psalm besteht darin, daß Ps 130 die Erfahrung der radikalen Sündenverfallenheit universalisiert. Während der Beter von Ps 51 ein individuelles Sündenbekenntnis ablegt, sieht Ps 130 *alle* Menschen in einem Unheilszusammenhang. Aber zugleich setzt Ps 130 darauf, daß der biblische Gott für alle und jeden diesen destruktiven Unheilszusammenhang unterbricht, weil er ein guter und barmherziger Gott ist.

5. Genesis 3 im Zusammenhang der Urgeschichte

Genau dies ist auch die »Sündentheologie«, die dem anderen klassischen Schriftbeleg der kirchlichen Erbsündenlehre zugrundeliegt, der sogenannte Erzählung vom Sündenfall Gen 3, der wir uns nun kurz zuwenden. Gerade diese Erzählung entfaltet ihre theologisch gewichtige Botschaft nur, wenn sie in ihrem größeren Textzusammenhang gehört wird. Dies hat die kirchliche Rezeption von Gen 3 leider über die Jahrhunderte hinweg nicht beachtet und hat diesen Text deshalb nicht selten unzureichend oder sogar falsch verstanden.

In gebotener Kürze nenne und erläutere ich die nach meiner Meinung zentralen Gesichtspunkte.

1. Gegenüber allen in der Vergangenheit und teilweise noch heute praktizierten historischen Leseweisen von Gen 3, aber auch von Gen 1–9 überhaupt, die zur kirchlichen Lehre über einen »Urstand«, über eine Menschheit »ohne Sünde« oder »vor der Sünde« und über eine Sünde eines wie immer historisch beschreibbaren Stammvaters, dessen Sünde allen seinen Nachkommen »angerechnet« (imputiert) würde, geführt haben, muß unmißverständlich klargestellt werden: In den Erzählungen Gen 1–9 geht es nicht um etwas, was irgendwann einmal in den Anfängen oder am Anfang der Menschheitsgeschichte geschehen ist, sondern es geht um das, was gilt, seit und solange es Menschen gibt und geben wird: was Mensch-Sein zutiefst ausmacht und bestimmt. Während wir Abendländer, vor allem unter dem Einfluß der griechischen Philosophie, auf die Frage nach dem Wesen von etwas mit einer satzhaften Definition antworten (»der Mensch ist …«), zieht es der Orientale vor, eine Geschichte zu erzählen, an der einem aufgehen kann, was Mensch-Sein bedeutet. »Es handelt sich dabei um eine sehr spezifische Ausprägung des allgemein menschlichen mythischen Denkens, das Tatbestände weniger definierend und beschreibend als erzählend begreift und vermittelt, das vor dem Logos eben dem Mythos den Vorrang gibt, das das Sein im Vorgang auffaßt, in den Vorgang umdeutet, als Vorgang darstellt. Dabei dient der Vorgang teils als Ätiologie, teils als Paradigma.«[11] Der erzählte Vorgang benennt einerseits die verborgenen und

meist verdrängten Anfänge und Ursachen eines menschlichen Verhaltens. Und der Vorgang deckt andererseits auf, was plastisch und facettenreich immer wieder geschieht bzw. nicht geschehen sollte. Wenn es um grundlegende menschliche Verhaltensweisen geht, also um Wesenszüge, die jedem Menschen vor-gegeben sind, insofern er Mensch ist, wählt der altorientalische Erzähler die Form der Urzeit-Erzählungen: Sie erzählen davon, wie der Mensch zu diesem seinem Wesen gleich am Anfang der Geschichte und an seinem Ursprung (d. h. eben in der Ur-Geschichte, jenseits der erfahrbaren Geschichte) gekommen ist. Urzeit-Erzählungen erzählen nichts Einmaliges, sondern Erstmaliges als Allmaliges. Sie erzählen, ›was niemals war und immer ist‹, sie decken auf, ›was jeder weiß und doch nicht weiß‹, und sie wollen helfen, mit diesem vor-gegebenen Wissen und Wesen das Leben zu bestehen. Ihre Helden und Antihelden sind keine historischen Figuren, aber sie sind durch und durch geschichtlich, weil jeder an ihnen teilhat.
Von diesem Ansatz her versteht die Bibelwissenschaft heute die Erzählungen über die Anfänge der Welt und der Menschen, wie sie in Gen 1–9 überliefert sind, als mythische Erzählungen bzw. als Mythos und Anti-Mythos.[12] Freilich muß diese Charakteristik recht verstanden werden. Der Welt- und Menschenschöpfungsmythos ist nicht eine vor-naturwissenschaftliche und deshalb heute überholte Erklärung der Weltwirklichkeit, sozusagen primitive Kosmologie und Biologie, die Naturprozesse mit Göttergestalten statt mit Formeln beschreibt. Er ist auch nicht, wie Rudolf Bultmann sagte, die unstatthafte Vermischung von Überweltlichem und Weltlichem, von Göttlichem und Menschlichem. Dem Schöpfungsmythos geht es nicht um rationale Erklärung der Welt- und Menschenphänomene und ihrer Ursachen, sondern er erzählt von den Anfängen der Welt im Sinne des Gründens, des Grundgebens, des Grundfesthaltens. Der Schöpfungsmythos »fabelt also nicht über Anfänge, bei denen keiner dabei war. Hier blicken vielmehr Menschen aus ihrer Zeit zurück und nehmen die Grundlagen der eigenen Lebenswelt, das in Welt grundsätzlich Gegebene, das immer Geltende wahr als stiftende Geschehnisse des Anfangs, in denen fortan Gültiges für alle Folgezeit gesetzt wurde.«[13] Es geht um die

fundamentalen Grundbestimmungen der Welt im ganzen, die immer gelten (müssen), damit die Welt *ist.* Während wir, wie bereits gesagt, in unserer philosophisch-theologischen Tradition und Sprechweise solche normativen Grundstrukturen und Bedingungen der Möglichkeit von Welt- und Menschsein in abstrakten Definitionen formulieren, wählt der Mythos die Form der Göttergeschichte, die er als »am Anfang« spielend erzählt, wobei dieser Anfang nicht ein zeitlicher Anfang ist, sondern Anfang im Sinne von exemplarischem und normativem Ur-Geschehen. Die Zeit des Mythos ist deshalb, streng genommen, eine Zeit jenseits der Zeit der Geschichte: Ur-Zeit, die Zeit überhaupt ermöglicht und normiert, Urgeschichte, die Ursprung und Modell von Geschichte ist. Der Mythos gibt Kunde von einem Urgeschehen, das »in illo tempore« (»in jener Zeit«) geschehen ist, und von dem alle weiteren Geschehnisse begründet und normiert werden. Für den Mythos ist das gegenwärtige Leben die notwendige Wiederholung seines Ursprungs, die Anamnese seines Urbilds. Die altorientalischen Schöpfungsmythen und analog die alttestamentlichen Urgeschichten reden eigentlich nicht darüber, wie es zu dieser Welt *gekommen ist*, sondern wie diese Welt »eigentlich« *ist*, wie der Mensch sie und sich in ihr sehen soll und vor allem: wie die Götter bzw. der Gott Israels zu dieser Welt stehen, sie halten und schützen sollen. Der Mythos ist geradezu das Einklagen einer Weltordnung im Angesicht der als Schöpfergottheiten verehrten Götter. Vor allem sind die Ur-Zeit-Mythen, gerade indem sie auch die Störungen und Gefährdungen der Welt und des Menschenlebens erzählen, das erzählerische Entdecken und beschwörende Festhaltenwollen des trotz allem guten Anfangs mit dem Ziel, dieser verborgenen, aber sich entbergenden und darin bergenden Ur-Ordnung entsprechend die Welt als Ort des Lebens (und nicht des Todes) zu erhalten und zu gestalten.

In dieser Perspektive ist die biblische Urgeschichte Gen 1–9 als Textzusammenhang[14] gelesen eine Botschaft vom guten Schöpfergott, der die Welt, wie sie *ist*, und die Menschen, wie sie *sind*, zum Leben bestimmt hat und sie liebt. Die Urgeschichte Gen 1–9 stellt die Beziehung zwischen Gott und seiner Welt, zwischen Gott und seinen Menschen freilich in einer dramatischen Erzählung dar, in der die großen zusammengehörenden Kompositions- und Aussagelinien beachtet werden müssen, damit diese biblischen Texte nicht zur Grundlage einer fragwürdigen Theologie werden.

2. Ein entscheidender Kompositionsbogen, in dem die sogenannte Erzählung vom Sündenfall Gen 3 gehört werden muß, ist ihre Zusammenbindung mit der sogenannten Erzählung vom Brudermord Kains an Abel Gen 4. Beide Sündengeschichten sind von den biblischen Erzählern kompositorisch und motivlich so eng miteinander verwoben, daß deutlich ist: Beide Erzählungen wollen und müssen *zusammen* gedeutet werden.

Der erzählerische Zusammenhang zwischen Gen 3 und Gen 4 wird u. a. durch folgende Beobachtungen zum Text erhärtet:

a) Der enge genealogische Anschluß 4,1 (»*Und* der Mensch erkannte seine Frau«) greift die auch in Gen 3,21 hervorgehobene Zusammenbindung »der Mensch und seine Frau« auf und expliziert die Geburt der beiden Söhne ausdrücklich im Rückgriff auf Gen 3,16 (»du wirst Söhne gebären«).

b) Das Motiv vom »Bebauen des Erdbodens« verklammert beide Erzählungen zu einem einzigen Geschehenszusammenhang (Gen 3,23; 4,2.12).

c) Beide Geschichten entsprechen sich in ihrer Großstruktur: In einem ersten Teil wird das Vergehen erzählt (3,1–7; 4,2–8), und in einem zweiten Teil ergeht in einem Gespräch zwischen Gott und den schuldig gewordenen Urmenschen die Aufdeckung der Schuld und ihrer Konsequenzen (3,8–23*; 4,9–16*).

d) Beide Geschichten enden mit einem Weggehen aus dem Bereich der unmittelbaren Gottesgemeinschaft, deren Tiefendimension mit »Wonne« (Eden) bezeichnet wird (3,23; 4,16).

e) Zwischen beiden Erzählungen gibt es zahlreiche semantische Gemeinsamkeiten und Anspielungen.

f) In beiden Erzählungen treten zwei rätselhafte Figuren auf, die die agierenden Menschen bei ihrer sündigen Tat beeinflussen. In Gen 3 ist es die Schlange, in Gen 4 ist es eine rätselhafte, als »Sündendämon an der Tür« bezeichnete Gestalt.

g) Beide Erzählungen zeigen ein spannungsreiches Gottesbild. Auf der einen Seite reagiert Gott auf die Sünde mit Fluchsprüchen, auf der anderen Seite zeigt sich der gleiche Gott am Schluß der

Erzählung jeweils als fürsorgender, das Leben der Sünder schützender Gott. Adam und Eva bekleidet er selbst mit Röcken aus Fell. Und den Brudermörder Kain schützt er durch das sogenannte Kainszeichen vor jedwedem Angriff auf sein Leben.

Diese Beobachtungen, die sowohl den engen Zusammenhang von »Adamsünde« und »Kainsünde« als auch deren strukturelle Gleichheit betonen wollen, widersprechen einer theologischen Interpretation, die beide Erzählungen zu sehr isoliert hat. In beiden Geschichten geht es um die zwei zusammenhängenden Aspekte der einen Ur-Sünde des Menschen, um die zwei sich gegenseitig bedingenden Erfahrungen von Ur-Fluch, der über dem Menschen und seiner Lebenswelt liegt. Die Generationenfolge von »Adam und seiner Frau« hin zu ihren Söhnen »Kain und Abel, sein Bruder« darf deshalb nicht als bloß erzählerische (also bloß literarische!) Folge abgeschwächt werden, sondern der Zusammenhang zwischen Gen 3 und Gen 4 muß als logische, normativ-paradigmatische Folge verstanden werden. Gen 3 und 4 sind auch in ihrem Zusammenhang Urzeit-Erzählungen, die die allemal geltenden Bedingungen menschlichen Daseins aufdecken. Die theologische Aussage von Gen 4 ist daher »nicht, daß der Brudermord eine ›Möglichkeit‹ geschichtlichen Nacheinanders ist, sondern daß er die fundamentale Wirklichkeit unserer Geschichte darstellt ... Die Geschichte bringt etwas von dem Wesen des Menschen überhaupt zum Ausdruck, indem sie es in einem Bild von ganz elementarer Gewalt zusammendrängt«.[15] Gen 3 zeichnet demnach die Innenseite, Gen 4 die Außenseite des schuldiggewordenen Mensch-Seins; der Brudermord wurzelt im Abfall von Gott und offenbart diesen. Das ist die tiefgründige Wahrheit von Gen 4: Weil Kain Gott nicht Gott sein lassen will, beseitigt er Abel, um so Gott *sich* zu erzwingen, und nimmt sich damit selbst die Möglichkeit, in brüderlicher Gemeinschaft weiterzuleben. Im Sinne der Urgeschichte sind der Hang zur Gewalt und die Bereitschaft zum Brudermord die eigentliche »Erbsünde«. Der gewalttätige Brudermörder-Mensch ist das »natur-notwendige« Kind des Gottesrebellen Adam.

3. Was aus einer Menschheit und aus der Welt würde, die dem Fluch und dem Unheilzusammenhang der Sünde überlassen

bliebe, und warum dies dennoch nicht der Fall ist, wird in der biblischen Urgeschichte Gen 1–9 in der sogenannten Sintflutgeschichte Gen 6–9 erzählerisch reflektiert. In der Letztgestalt des biblischen Textes sind bekanntlich zwei ursprünglich eigenständige Sintflutgeschichten kunstvoll zusammengearbeitet worden. Dies kann hier nicht weiter dargestellt werden. Ich beschränke mich auf die ältere Erzählung, die in ihrem ursprünglichen Erzählzusammenhang als theologische Reflexion über die Ur-Sünden-Erzählungen Gen 3–4 konzipiert war und insofern im Kontext meines Beitrags von besonderer Relevanz ist. Diese vor-priesterschriftliche Sintfluterzählung, die erkennbar altorientalische Überlieferungen aufgreift und bedeutsam umgestaltet, ist einerseits die vielleicht radikalste biblische Reflexion über die Universalität und Destruktivität der Sünde (fachtheologisch gesprochen: sie ist eine hamartiologische Erzählung), aber andererseits bietet sie eine theozentrisch gestaltete Reflexion über das Verhalten Gottes angesichts *dieser* Sünde und ist insofern eine grandiose Theo-Dizee. Die Theozentrik der Erzählung, die vor allem in den Gottesreden am Anfang und am Schluß sowie an der Tatsache, daß der eigentliche Akteur der Geschichte Gott (anders als in Gen 3–4) ist, sichtbar wird, unterstreicht in theologischer Hinsicht: Der im wahrsten Sinne des Wortes eigentliche *Grund* dafür, daß trotz der Universalität der Sünde dennoch die Welt Bestand hat, ist der Schöpfergott selbst in seiner Bereitschaft, seine Lebensmächtigkeit *und* seine Liebe zum Leben gerade gegenüber der sündigen Menschheit zu erweisen. Ich möchte diese Dialektik von Universalität der Sünde und Radikalität der Liebe des Schöpfergottes durch einen kurzen interpretatorischen Blick auf den Anfangs- und Schlußabschnitt der Erzählung erläutern. Die vor-priesterschriftliche Sintflutgeschichte wird folgendermaßen *eröffnet* (*Gen 6,5–8*):

Und JHWH sah,
  daß viel war die Bosheit des Menschen auf der Erde,
  und daß alle Gebilde der Gedanken seines Herzens nur böse waren alle Tage.
Und es reute JHWH,
  daß er gemacht hatte den Menschen auf der Erde,

und er erlitt Schmerz in seinem Herzen.
Und JHWH sprach:
Ich tilge aus den Menschen (den ich geschaffen habe) vom Angesicht des Erdbodens,
vom Menschen bis zum Vieh (bis zu Kriechgetier) und bis zum Fluggetier des Himmels,
denn es reut mich, daß ich sie gemacht habe.
Doch Noach fand Gnade in den Augen JHWHs.

Dieser Abschnitt erhält seine theologische Dramatik durch mehrere Gegensätze, die hier zur Sprache kommen:
a) Der Blick des Erzählers geht in das Herz, d. h. also das Innerste Gottes *und* des Menschen. Während das Herz des Menschen der Ursprungsort des Bösen ist, geht vom Herzen Gottes der Entschluß aus, die Menschheit wegen dieses Bösen zu vernichten.
b) Dieser Vernichtungsentschluß Gottes, der auf die Gattung »Mensch« bezogen ist, wird ausdrücklich und unmotiviert konterkariert durch die Aussage: »Doch Noach fand Gnade in den Augen JHWHs«. Hier wird jene Polarität des Handelns Gottes sichtbar, der wir bereits oben in Gen 3–4 begegnet sind: Einerseits reagiert Gott auf die Sünde des Menschen mit einem Strafgericht, aber andererseits wendet er sich inmitten des Gerichts dem Menschen wieder in fürsorglicher, liebevoller Zuneigung zu. Hier ist diese Dialektik freilich gesteigert, da es um den Menschen, den Gott gemacht hat, geht. Hier geht es um Sein oder Nicht-Sein des Mensch-Seins überhaupt. Als von seinem Innersten her zum Bösen neigendes Wesen zerstört »der Mensch« gewissermaßen sich selbst. Aber insofern »der Mensch« als ein von Gott geschaffenes Wesen immer schon im Herzen Gottes »lebt«, lebt »der Mensch« im Kräftefeld der Gnade Gottes: »Noach fand Gnade in den Augen JHWHs«.
c) Der kurze Abschnitt redet viermal von JHWHs Emotionen angesichts der universalen und radikalen Sündhaftigkeit des Menschen: »Er empfindet »Reue« (zweimal) darüber, daß er sich auf die Menschenschöpfung eingelassen hat und er empfindet »Schmerz« – und entschließt sich, das Experiment »Schöpfung« zu beenden. Doch das letzte Wort hat dann eine andere Emotion,

nämlich »die Gnade«, die ohne nähere Begründung entscheidet, das Experiment »Mensch« doch weiterzuführen – »grundlos«, eben »nur« aus Gnade.
Die ganze dann erzählte Geschichte von der Vernichtung der Menschen und der Tiere durch die Sintflut *und* von der gleichzeitig geschehenden Rettung der Menschen und der Tiere in der Arche (die Noach auf Anweisung Gottes gemacht hatte!) ist die narrative Explikation dieser Polarität des Gotteshandelns, in dem er sich als strafender Richter *und* als gnädiger Retter zugleich erweist, jedoch so, daß die Rettung das Gericht nicht nur konterkariert, sondern sogar transformiert. Gerade angesichts des Gerichts, in dem die Destruktivität der Sünde sichtbar wird, wird zugleich offenbar, was es um die Gnade ist, aus der heraus der Schöpfergott zum Menschen Ja sagt. Daß es ein Ja zum sündigen Menschen ist, faßt die Erzählung dann ja in ihrem *Schlußabschnitt Gen 8,20–22* zusammen:

Und Noach baute einen Altar für JHWH,
und er nahm von allem reinen Vieh und von allem reinen Fluggetier
und er opferte Brandopfer auf dem Altar.
Und JHWH roch den wohlriechenden Geruch
und JHWH sprach zu seinem Herzen:
  Ich werde nicht noch weiter den Erdboden verfluchen wegen des Menschen,
  auch wenn das Gebilde des Herzens des Menschen böse ist von Jugend auf.
Und ich werde nicht noch einmal (d. h. nie) allem
  Lebendigen einen tödlichen Schlag versetzen,
wie ich es gemacht habe.
Hinfort sollen, alle Tage der Erde,
  Saat und Ernte,
  Kälte und Hitze,
  Sommer und Winter,
  Tag und Nacht
nie mehr aufhören.

Wieder läßt uns der Erzähler in das Herz des Menschen (das ist nun der gerettete Mensch Noach als »nachsintflutliche« Gattung Mensch) und in das Herz Gottes schauen. Nun, im Epilog, ist die Dramatik des Gegensatzes gegenüber dem Prolog Gen 6,5–8 noch gesteigert: Während sich am und im Herzen des Menschen nichts geändert hat und JHWH dies sogar ausdrücklich feststellt, findet nun geradezu ein Herzensumsturz Gottes statt: Gott überzeugt gewissermaßen sein Herz, nicht die Sünde der Menschen zum Maßstab seiner Entscheidungen zu machen, sondern sein eigenes Herz – das die Menschen doch als Menschen gewollt hat. Sein Ja zum Leben war ein freies, göttliches Ja zur Schöpfung – aus Gnade. Als solches soll und kann es sich gerade angesichts der Sünde »bewähren«.

Die vielfachen sprachlichen Rückbezüge auf die Beurteilung Gottes vor der Flut machen deutlich, warum der Mensch auf der Erde, obwohl er Adam-Kain und damit unter der Macht der Sünde ist, leben darf und kann: »Es ist ein harter und im Letzten unauflöslicher Gegensatz: Der gleiche Befund, der im Prolog Gottes Strafgericht begründet, läßt im Epilog Gottes Gnade und Nachsicht offenbar werden! Diesen Gegensatz von Gottes strafendem Zorn und seiner tragenden Gnade, der sich durch die ganze Bibel zieht, ist hier in ganz untheologischer, ja fast unangemessener Weise dargestellt, nämlich fast wie ein Nachgeben, ja ein Sich-Einstellen Gottes auf die Sündhaftigkeit des Menschen.«[16] Der dramatische Spannungsbogen Gen 3–4 findet so erst am Ende der *Flutgeschichte* seine theologische »Auflösung«:

a) Die menschliche Existenz verdankt sich nicht nur einem einmaligen Schöpfungsakt, sondern der erklärten Bereitschaft des Schöpfergottes, den Menschen mit seinem Hang zur Sünde anzunehmen und zu ertragen. In diesem Sinne vertritt die Urgeschichte die Auffassung, daß *»der Mensch«* Sünder ist »von Anfang an«.

b) Gott nimmt am Ende der Flut nicht die »Fluchexistenz« des Menschen zurück. Der Mensch muß in den »Daseinsminderungen« leben, die er selbst durch sein Adam- und Kain-Sein (Gen 3–4) wirkt.

c) Von ihrer Geschehensstruktur her ist die Urgeschichte eine Art Theodizee, insofern sie einerseits die Störungen als vom Menschen verursachte aufdeckt und andererseits stark herausstellt, daß Gott selbst diese Erkenntnis macht und gütig annimmt: »Die Flut hat ... nicht den Menschen verwandelt, sondern Gott.«[17]

d) Die biblische »Ur-Sünden-Theologie« steht, wie bereits in Ps 51 und in Ps 130 sichtbar wurde, im Dienste der *Theo-Logie* im engen Sinne des Wortes: Wer die Dramatik der Sündenverfallenheit des Menschen und den durch diese bewirkten Unheilszusammenhang denkerisch erfassen will, wird vom ersten Teil unserer Bibel auf das Gottgeheimnis verwiesen, wonach sich Gott als Gott des Lebens gerade angesichts der Sünde des sündigen Menschen erweist. In diesem Sinne spricht die liturgische Tradition der Ostertheologie von der *felix culpa*. Die Radikalität und die Universalität der liebenden Zuwendung Gottes gerade zum sündigen Menschen sind die Realität, die der Radikalität und Universalität der Sünde entgegenwirkt. Die tiefste Bedeutung aller Erbsündentheologie, wie immer sie buchstabiert wird, liegt in *dieser* ihrer Botschaft vom barmherzigen und lebendigmachenden Gott.

Literatur

Baumgart, N. Cl., Die Umkehr des Schöpfergottes. Untersuchungen zur Komposition und zum religionsgeschichtlichen Hintergrund von Gen 5–9 (HBS 21), Freiburg 1999.

Drewermann, E., Strukturen des Bösen. Bd. 1: Die jahwistische Urgeschichte in exegetischer Sicht, Paderborn ³1981.

Kleer, M., »Der liebliche Sänger der Psalmen Israels.« Untersuchungen zu David als Dichter und Beter der Psalmen (BBB 108), Bodenheim 1996.

Lohfink, N., Das Jüdische am Christentum, Freiburg 1987.

Müller, H.-P., Mythos – Kerygma – Wahrheit (BZAW 200), Berlin 1991.

Perlitt, L., 1 Mose 8,15–22, in: Göttinger Predigtmeditationen 24 (1969/70).

Rad, G. von, Das erste Buch Mose (ATD 2), Göttingen ⁶1961.

Schreiner, J., Theologie des Alten Testaments (NEB/AT.E 1), Würzburg 1995.

Steck, O.H. (Hrsg.), Zur Tradition und Theologie im Alten Testament (BThSt 2), Neukirchen 1978.

Steck, O.H., Welt und Umwelt, Stuttgart 1978.

Zenger, E., Die Nacht wird leuchten wie der Tag. Psalmenauslegungen, Freiburg 1997.

Anmerkungen

1 Vgl. die historistische Interpretation im Weltkatechismus Nr. 391: »Der Bericht vom Sündenfall verwendet eine bildhafte Sprache, beschreibt jedoch ein Urereignis, das *zu Beginn der Geschichte des Menschen* stattgefunden hat.«
2 Einen guten Überblick über die ersttestamentliche Hamartiologie bietet *Schreiner,* Theologie, 245–277.
3 Vgl. die Übersetzung des Dokumentes »Wir erinnern uns: Nachdenken über die Schoa«, in: FrRu5, 1998, 167–177.
4 Vgl. auch die Hinweise von *C. Thoma* zum Selbstverständnis Israels als »simul iustus et peccator«, in: FrRu 5, 1998, 163f.
5 Vgl. auch meine Auslegung von Ps 51 in: *Zenger,* Die Nacht, 401–415.
6 Gemeint ist die Hypothese von der sog. elohistischen Redaktion der Psalmen 42–83, die das Tetragramm durch »Gott« ersetzte.
7 Vgl. dazu besonders *Kleer,* Der liebliche Sänger, 94–96.111–113.
8 *N. Lohfink,* Das vorpersonale Böse. Das Alte Testament und der Begriff der Erbsünde, in: *ders.,* Das Jüdische, 182.
9 Vgl. meine Auslegung des Psalms, in: *Zenger,* Die Nacht, 396–401.
10 Vgl. Weimarer Ausgabe 40 III,333,5–7; 352,3.
11 *R. Smend,* Überlieferung und Geschichte. Aspekte ihres Verhältnisses, in: *Steck* (Hrsg.), Zur Tradition, 16.
12 Vgl. grundlegend zu dieser Sicht: *Müller,* Mythos.
13 *Steck,* Welt und Umwelt, 71.
14 Vgl. zu *dieser* Abgrenzung der Urgeschichte und zur Interpretation: *Baumgart,* Die Umkehr.
15 *Drewermann,* Strukturen des Bösen, 116f.
16 *von Rad,* Das erste Buch Mose, 100.
17 *Perlitt,* 1 Mose 8,15–22, 392.

Die Lehre der Kirche von der Erbsünde

Geschichtliche Entwicklung und heutiges Verständnis

SIEGFRIED WIEDENHOFER

1. Zur heutigen theologischen Fragestellung

1.1 Eine uneinheitliche Auskunft

»Die Diskussion um die ›Erbsünde‹ ist im vollen Gang. Die Einsicht greift um sich, daß etwas geschehen müsse und daß die plumpe Form, in der das sogenannte ›Erbsündendogma‹ bis vor kurzem verkündet wurde und die ein fatales quasi-biologisches Verständnis der Übertragung dieser ›Sünde‹ impliziert, nicht mehr haltbar sei. Somit werden Sie hoffentlich nicht zu hören bekommen, die Diskussion um dieses Thema sei verfrüht und voreilig; merkwürdig genug, daß derartige Vorwürfe noch jüngst geäußert werden konnten! Nachdem die abendländische Kirche 1500 Jahre einer durch Augustinus irregeleiteten Tradition gehuldigt hat, kommt heute der Abschied von der ›Erbsünde‹ wahrlich nicht zu früh – eher viel zu spät.« »In der Tat: wenn wir den von Ihnen gewiesenen Weg zu Ende schreiten wollen, ist nicht nur ein Kapitel unserer Katechismen neu zu schreiben, sondern der ganze Katechismus.«[1]

So äußerte sich im Dezember 1969 Herbert Haag, Professor für Exegese des Alten Testaments an der Katholisch-Theologischen Fakultät der Universität Tübingen, im Geleitwort zur Dissertation von Urs Baumann über das Erbsündenverständnis, die im Jahr 1970 erschien. Mit dieser These von Herbert Haag haben in den sechziger und siebziger Jahren nicht wenige insgeheim oder offen sympathisiert. Und daß die Erbsündenlehre eher ein Problem als

eine das Christenleben erhellende Auskunft ist, ist eine wahrscheinlich auch heute noch ziemlich verbreitete Auffassung.
Seit den siebziger Jahren konnte man dann aber zunehmend auch ganz andere Töne hören. Symptomatisch dafür ist Eugen Drewermanns dreibändige Auslegung der jahwistischen Urgeschichte, die den Titel »Strukturen des Bösen« trägt und die trotz ihres Umfangs von fast 2000 Seiten seit ihrem Erscheinen 1977/78 bis 1995/96 7, 8 bzw. 10 Auflagen erlebt hat. Mit seinem Riesenwerk will Drewermann zeigen, »wie recht J (sc. der Jahwist) mit der Behauptung hat, daß ein Leben außerhalb der Gemeinschaft mit Gott prinzipiell die Strukturen eines in sich verfehlten, verkrüppelten, von Grund auf bösen Daseins annehmen muß ...«[2] Es ist klar, daß damit auch die Erbsündenfrage in einem neuen Licht erscheinen mußte: »Die theologische Lehre der ›Erbsünde‹ z. B., die, wie es scheint, bei einer historischen Interpretation der j (sc. jahwistischen) Urgeschichte vom Alten Testament her schlechterdings unbegründbar ist, drängt sich bei der Lektüre von Gn 2–11 (J) förmlich von selbst auf, wenn man in der Analyse der Angst des Menschen Zeuge der verzweifelten, kunstreichen Anstrengungen wird, mit denen die Menschen in Gn 3–11 (J) zwischen Paradies und Babylon sich über den Abgrund der Nichtigkeit ihres Daseins ohne Gott hinwegzuretten versuchen. [...] Der Gesamtaufbau der j Urgeschichte kommt damit der Darstellung einer neurotischen Fehlentwicklung gleich, deren innere Folgerichtigkeit und Unentrinnbarkeit nachdrücklich die Totalität der menschlichen Gottesferne, wie die dogmatische Lehre von der ›Erbsünde‹ sie behauptet, von der Sicht des J her unterstreichen.«[3] Die Erbsündenlehre der Kirche also eine Fehlentwicklung oder eine Notwendigkeit? In der gegenwärtigen Theologie scheinen nicht gerade einheitliche Auskünfte angeboten zu werden.[4]

1.2 Die Fragestellung der sechziger Jahre

Man muß dabei allerdings auch die Lage der katholischen Theologie in den sechziger und siebziger Jahren berücksichtigen. Denn es entspricht durchaus dem Gesamttrend der katholischen Theologie der Konzilszeit, wenn auch in der Erbsündenfrage in dieser ersten

Phase die exegetische und historische Perspektive überwiegt, obwohl es in der Folge der neuen exegetischen und historischen Einsichten sofort auch zu ersten systematischen Neuinterpretationen des Erbsündendogmas kommt.

Zunächst lautete die Grundfrage aber: Ist die Lehre der Schuldogmatik, ja die Lehre des Erbsündendogmas tatsächlich in der Schrift enthalten, etwa in Gen 3 oder in Röm 5? Was ist überhaupt die Aussage des Konzils von Trient, auf dem das Erbsündendogma formuliert worden ist? Diese historische Legitimationsfrage mußte sich vordringlich gerade an das Erbsündendogma stellen, sobald nicht nur die Schrift im Licht des Dogmas, sondern auch das Dogma im Licht der Schrift interpretiert wurde. Das gehörte ja wesentlich zur Reformbemühung des Konzils, nämlich den maßgeblichen kanonischen Ursprung des christlichen Glaubens gegenüber späteren Vereinseitigungen wieder neu zur Geltung zu bringen.

Wer solcherart zugleich von einer historischen Lektüre der Bibel und der Dogmengeschichte und von einem modernen Weltbild her den Katechismusaussagen und der Schuldogmatik gegenübertrat, dem mußte die dort begegnende traditionelle kirchliche Erbsündenlehre, die eng an das Erbsündendekret des Konzils von Trient aus dem Jahr 1546 anschloß, verständlicherweise zum Problem werden. In ihrer einfachsten Form – hier wörtlich dem »Grünen Katechismus« von 1955 entnommen, lautet sie: »Weil Adam als Haupt der ganzen Menschheit gesündigt hat, geht die Sündenschuld Adams auf alle seine Nachkommen über (Erbschuld oder Erbsünde). Wegen der Sünde Adams werden wir ohne das Gnadenleben geboren, das wir nach Gottes Absicht von Adam erben sollten … Auch die schlimmen Folgen der Sünde Adams sind auf alle Menschen übergegangen. Daher ist in uns eine Neigung zur Sünde, die böse Begierlichkeit. Sie zeigt sich in dem ungeordneten Verlangen nach irdischen Dingen, z. B. nach Genuß, Besitz, Ehre und Ansehen. Auch leben nun die Menschen unter vielerlei Mühsalen und Leiden und müssen schließlich sterben. Durch die Ursünde hat der Teufel Macht über die Welt bekommen. Wenn Gott sich der sündigen Menschen nicht erbarmt hätte, könnte kein Mensch sein ewiges Ziel erreichen; denn niemand kann sich selbst erlösen.«[5]

Zu diesem traditionellen Gehalt des Erbsündendogmas gehörte ein ganzer Komplex von religiösen und nichtreligiösen Vorstellungen: die Vorstellung von einem Stammelternpaar der Menschheit, das in seiner Paradieseszeit nicht nur mit der heiligmachenden Gnade, sondern darüber hinaus auch noch mit anderen, besonderen Gaben ausgestattet war: der Freiheit von der bösen Begierlichkeit, der Freiheit vom Leiden und vom Sterben sowie einem besonderen natürlichen und übernatürlichen Wissen. Dazu gehörte auch die Vorstellung von einem Sündenfall dieser Stammeltern, einer »Ursünde«, durch die sich die Situation aller Nachkommen wesentlich verändert hat. Dazu gehörte auch die Vorstellung, daß sich dieses Erbe der Stammeltern, die Erbsünde, auf demselben Weg fortpflanzt wie die menschliche Natur (durch die Zeugung) und daher auch wirklich universal ist. Wegen dieser Ursünde werden alle Menschen im Stand der Gnadenlosigkeit geboren, ist ihnen allen eine Neigung zur Sünde (die böse Begierlichkeit) eigen, müssen sie leiden und sterben. Zu diesem ganzen Komplex gehört schließlich auch die Vorstellung, daß wegen dieser universalen Erbschuld die Erlösung durch Jesus Christus absolut notwendig und ohne Einschränkung universal ist und daß die Kindertaufe notwendig ist.

Obwohl dieser Vorstellungskomplex eine wichtige Rolle im System der Dogmatik spielte, mußte er, wie gesagt, problematisch werden, sobald bestimmte Bedingungen vorhanden waren: eine historisch-kritische Schriftauslegung, eine evolutive Weltsicht, eine historische Betrachtung der Dogmengeschichte, ein personalistisches Selbstverständnis usw. Diese mehrseitige Auflösung des traditionellen Komplexes der Erbsündenvorstellung ließ nun sofort nach dem eigentlichen dogmatischen Gehalt der kirchlichen Erbsündenlehre und ihrer heutigen Verständnismöglichkeit weiterfragen. Es kam deshalb zu einer ganzen Reihe von Neuformulierungen der Erbsündentheologie, die sowohl der dogmatischen Tradition als auch den neuen Gegebenheiten Rechnung zu tragen versuchten.[6]

Im Rückblick erscheint diese ganze erste Phase der neueren Erbsündendiskussion als ambivalent:

Auf der einen Seite hat die historische und systematische Kritik sowohl die Plausibilitätsgrenzen als auch den naiven historischen Traditionsbezug und den kurzschlüssigen historischen Legitimationsversuch der bisherigen Erbsündenlehre mit Recht aufgedeckt und zu überwinden versucht. Auf jeden Fall kann man nicht mehr so einfach sagen, das Erbsündendogma sei schon in Gen 3 oder Röm 5 da.

Auf der anderen Seite demonstrierte aber die weitere theologische Entwicklung, wie sehr auch noch eine historisch-kritische Interpretation von bestimmten dogmatischen Voraussetzungen und bestimmten praktischen Interessen mitbestimmt sein kann, ohne daß ihr dies bewußt ist. Aus der Situation der achtziger und neunziger Jahre heraus ist nämlich unverkennbar, daß die Problematisierung und Kritik der Erbsündenlehre, wie sie in den sechziger und siebziger Jahren verbreitet war, nicht nur aus historischen Einsichten und rational ausgewiesenen Kenntnissen gespeist war, sondern zugleich auch von Voraussetzungen ausging, die keineswegs unproblematisch sind. Der Wille, sich endlich mit dem Geist der Neuzeit zu versöhnen, der jetzt auch die katholische Kirche ergriffen hatte, hatte nicht nur zu einer längst fälligen neuen Weltzuwendung des Glaubens geführt, sondern in die weit geöffneten Tore des kirchlichen Bewußtseins auch einen ganzen Strom jenes optimistischen bürgerlichen neuzeitlichen Fortschrittsglaubens einströmen lassen, der die neuzeitliche Entwicklung zutiefst mitbestimmt hat. Der Versuch einer Versöhnung mit der neuzeitlichen Freiheitsgeschichte hat nicht nur die längst fällige Ablösung von einem objektivistischen und abstrakten Menschenbild vollzogen, sondern in das Selbstverständnis der Gläubigen auch einen starken Schuß jenes bürgerlichen Individualismus einfließen lassen, der hinter der neuzeitlichen Freiheitsgeschichte steht, des aufgeklärten neuzeitlichen Bürgertums, das nicht mehr ohne weiteres willens ist, sich als Sünder vor Gott zu verstehen, und schon gar nicht als Sünder aus fremder Schuld. Nicht umsonst tauchte in der historischen Kritik am Erbsündendogma die Erbsündenkritik der Aufklärung wieder auf.[7] Ein solcher Bewußtseinshorizont, in den auch noch die Wiederentdeckung eines personalistischen Glaubensverständnisses eingegangen war, mußte zwangsläufig zusammen mit der problematischen Formulierung des Dogmas bzw. der

Schuldogmatik auch diejenigen realen Erfahrungen, die hinter dem Erbsündendogma standen, mehr oder weniger stark aus dem Gesichtsfeld verdrängen. Die siebziger Jahre stellen jedenfalls einen deutlichen Wendepunkt dar. Unter veränderten gesellschaftlichen und geistigen Bedingungen vollzieht sich unerwartet so etwas wie eine Wiederentdeckung des Erbsündendogmas.

1.3 Die Fragestellung der siebziger und achtziger Jahre

Die Wiederentdeckung der Erbsünde in den siebziger Jahren erfolgte an verschiedenen Orten und in verschiedenen Kontexten: unter anderem z. B. in der lateinamerikanischen Befreiungstheologie in der neuen Rede von der sozialen oder strukturellen Sünde im Kontext der unübersehbaren gesellschaftlichen Erfahrung vom Zwangscharakter des Unrechts, der Unterdrückung und des Elends, zum anderen etwa in der europäischen Theologie im Kontext der gesellschaftlichen und geistigen Tendenzwende, die nicht nur psychologischen Fragen allgemein, sondern speziell auch der negativen Seite der menschlichen Existenz eine neue Aufmerksamkeit beschert hat.

Angesichts der in die Augen springenden Unterdrückungssituation haben lateinamerikanische Theologen Ende der sechziger Jahre und in den siebziger Jahren angefangen, ihre Theologie radikal umzugestalten. Im Angesicht des Massenelends, das das Menschsein selbst unmöglich macht, kann die vordringliche Frage nicht mehr lauten, was und wie man denken soll oder was und wie man in einer säkularisierten Welt noch glauben kann. Hier stellt sich auch für den Theologen als erste und dringlichste Frage, wie man in einer so unmenschlichen Welt überhaupt Mensch werden kann. Die eigentliche Aufgabe der Theologie kann daher nicht mehr in einem besseren Glaubensverständnis bestehen. Auch die Theologie hat sich zusammen mit der kirchlichen Pastoral vielmehr voll und ganz in den Dienst einer befreienden Glaubenspraxis zu stellen, die in der Geschichte auch wirklich real werden läßt, was Verheißung Gottes in Jesus Christus ist: Befreiung, Gerechtigkeit, Friede für den leidenden Menschen.

In einer solchen neuen Perspektive mußte auch der Begriff Sünde eine neue Bedeutung gewinnen: Neben der personalen Sünde rückte jetzt die soziale Sünde in den Vordergrund. In der zusammenfassenden Formulierung der beiden Befreiungstheologen Clodovis Boff und Libanio Christo:

»Soziale Sünde wäre also ein menschliches Übel, das eine dem Bewußtsein der Individuen äußerliche Existenzweise annimmt und sich ihm auferlegt. Exakt auf das spielen wir an, wenn wir von ›Strukturen der Sünde‹ sprechen. Die Strukturen sind keine Dinge, sondern eine Art und Weise der Beziehung zwischen den Dingen; solche Arten von Beziehungen lassen sich vor allem wahrnehmen in den sozialen Verhaltensweisen, z. B. in rassischen, religiösen, politischen, ideologischen Vorurteilen usw.; in den Gesetzen, die verbrecherische soziale Praktiken legitimieren, wie z. B. die Sklaverei, willkürliche Macht usw. Es ist überflüssig darauf hinzuweisen, daß Strukturen nicht sündigen, noch unterdrücken, rauben und morden. Die Strukturen als solche sind unschuldig. Es sind die Träger oder Vertreter der Strukturen, die all dessen fähig sind, wie z. B. eine Gruppe, die Überfälle begeht, eine parapolizeiliche Truppe, eine Organisation von Drogen- oder Mädchenhändlern usw. Solche Handlungsträger gebrauchen die Strukturen zugunsten ihrer Ziele. Sie können das, was sie tun, nur dank der Struktur und auf sie gestützt ausführen; dabei entsteht die Frage: In welchem Sinn kann man hier von Sünde sprechen, von Gewissen oder Verantwortung? Wir meinen zunächst, daß unabhängig von jeglichem Gewissen die ungerechten und unterdrückerischen Strukturen objektiv ein Übel sind. Deshalb sind sie ›Sünde‹ im materialen und strukturellen Sinn. Diese ungerechten Strukturen sind für die Gesellschaft das, was die Konkupiszenz für das Individuum ist. Sie führen, ja sie reißen fort zum Bösen. Deshalb können wir von ihnen das sagen, was wir über die Konkupiszenz sagen: sie sind ›sündhaft‹ (pecaminoso). Wir denken z. B. an eine ökonomische Struktur, in der der Chef den Arbeitern Hungerlöhne zahlen muß, um im Wettbewerb zu bestehen; wir denken an ein politisches Regime, das gegen rebellierende Gruppen Gewalt anwenden muß, um die soziale Ordnung zu erzwingen usw. Man sieht, wie sich hier auch die furchtbare Gestalt des ›Tragischen‹ abzeichnet. Aber diese Strukturen können auch etwas Böses im subjektiven Sinne sein, wenn wir uns ihnen persönlich anschließen, wenn wir sie uns zunutze machen, wenn wir sie unterstützen und folglich verstärken. In der Mehrzahl der Fälle tun wir dies unbewußt – naiv, ohne uns über ihre Sündhaftigkeit Rechenschaft zu geben, ohne Gewissen und Kritik.«[8]

Neben die persönliche Sünde tritt in der lateinamerikanischen Befreiungstheologie also die soziale Sünde: die gesellschaftlich institutionalisierte Ungerechtigkeit und Gewalt, die einerseits Folge individuellen sündigen Handelns sind, andererseits als gesellschaftliche Strukturen und Institutionen sich so verselbständigt haben, daß sie das Handeln des einzelnen nun umgekehrt knechten und bestimmen. Der doppelten Sünde entspricht eine doppelte Befreiung: die Umkehr des einzelnen und die Veränderung der gesellschaftlichen Strukturen. Die gläubige Zur-Kenntnis-Nahme und theologische Einbeziehung des gesellschaftlichen Charakters des Menschseins und die Erfahrung und Einbeziehung des Zwangscharakters gesellschaftlicher Unrechtsstrukturen führten in der Rede von der sozialen oder strukturellen Sünde damit faktisch zur Wiederentdeckung jener gläubigen Erfahrungen, die auch der Erbsündenlehre zugrunde lagen.[9]

Diese Rede von der sozialen oder strukturellen Sünde bzw. von den Strukturen der Sünde ist inzwischen auch in der europäischen Theologie auf breiter Basis aufgenommen und rezipiert worden und findet sich auch in einigen neueren lehramtlichen Dokumenten. Dort wird zwar immer auch (und mit Recht) nachdrücklich darauf hingewiesen, daß diese Rede von der sozialen Sünde nicht verdecken oder verdrängen darf, daß Sünde zuletzt immer eine personale Dimension hat, daß sie die individuelle, freie Tat einer Person ist, daß sie aus dem bösen Herzen des Menschen hervorgeht. Aber es ist nicht zu bezweifeln, daß die lateinamerikanischen Impulse der Sündenerfahrung und des Sündenverständnisses im Begriffe sind, in eine gesamtkirchliche Rezeptionsbewegung einzugehen, die zugleich eine Aktualisierung des Erbsündendogmas darstellt.[10]

Dies ist also der eine Kontext, in dem es zu einer Neuformulierung der Sünden- und Erbsündenvorstellung kam: die unübersehbaren gesellschaftlichen Erfahrungen vom Zwangscharakter der Unterdrückung und des Elends in Lateinamerika. Der zweite Kontext, in dem es zu einer Neurezeption der Erbsündenlehre und der sozialen Dimension der Sünde kam, ist völlig anderer Art. Es ist der soziokulturelle Kontext der europäischen Industrienationen in den siebziger Jahren. Hier kam es bekanntlich auf dem Hintergrund einer wirtschaftlichen, politischen und kulturellen Krisensituation zu einer auffälligen Tendenzwende im öffentlichen Bewußtsein. Diese Tendenzwende drückte sich unter anderem auch darin aus, daß die utopische Aufbruchsstimmung der Nachkriegsjahre in Identitätsangst, Sinnleere und Orientierungslosigkeit umschlug. In der Folge dieses Umbruchs drängen nicht nur Fragen der Ethik mit großer Wucht in den Vordergrund, auch die negative, dämonische Seite der menschlichen Existenz und Gesellschaft tritt nun von neuem in den Blick. Wer sich auf diesem Hintergrund auf die Philosophie, auf die Psychoanalyse, auf die Sozialwissenschaften usw. einließ, mußte zwangsläufig auf anthropologische und sozialphilosophische Konzepte treffen, die die christliche Erbsündenlehre mit neuem Interesse betrachten ließen.[11]

Die ausführlichste und interessanteste Neuinterpretation der Erbsündenlehre in dieser jüngsten Phase hat Eugen Drewermann mit seinem dreibändigen Werk »Strukturen des Bösen« vorgelegt. In eindringlicher Auseinandersetzung mit Kierkegaard, aber auch mit Sartre, Hegel und Kant, sowie mit der Psychoanalyse gewinnt er eine Interpretation der jahwistischen Urgeschichte des Alten Testaments (Gen 1–11), die das Böse selbst als strukturiert erkennt, als einen Funktionszusammenhang, der die ganze Wirklichkeit des Geschöpfs bestimmt, weil es aus einer Quelle hervorgeht. Die Hauptthese Drewermanns, die in besonderer Weise Anregungen Kierkegaards verpflichtet ist, lautet: Die Angst ist es, die böse macht, und zwar die geistige Angst vor sich selbst, die Angst im Feld der Gottferne:

»So enthält die ganze vorliegende Arbeit in ihren drei Bänden eigentlich nur einen einzigen Gedanken: daß der Mensch als bewußtes Wesen sein eigenes Dasein ohne Gott nicht ertragen kann und daß aus dieser Unerträglichkeit alle Formen des Bösen als Verfahren einer verzweifelten Selbstverstümmelung und Selbstzerstörung erwachsen müssen; daß es daher, positiv gewendet, ein und dasselbe ist, an Gott zu glauben und mit sich selbst und darin auch mit allen anderen und aller Welt ringsum wieder ins rechte Lot zu kommen; …und es gerade deshalb des Menschen ganze Schuld ist, aus Angst in einem Leben ohne Gott in dieser Angst und in dem ›Elend‹ seines Daseins zu verkommen.«[12]

Indem die Sünde mit Kierkegaard als »Selbstabschaffung der Freiheit, als Fesselung der Freiheit aus Angst vor der Freiheit« gedeutet wird, wird zum einen die Nicht-Notwendigkeit der Angst (Verzweiflung, Sünde) verständlich: Die Existenz entscheidet sich am Verhalten zu Gott; Verzweiflung als Gottvergessenheit ist Schuld, weil sie aus dem Vollzug des Selbst, des Geistes resultiert. Zum anderen hilft Kierkegaards Begriff der Verzweiflung auch die Notwendigkeit verstehen: Die Selbstzerstörung der Freiheit muß notwendig eintreten, wenn der Mensch sich nicht zu Gott, sondern nur zu sich selbst verhält. Die Lösung ist also nur auf der Ebene der Theologie und des Glaubens möglich: »erst der Glaube erkennt die scheinbare Notwendigkeit der Verzweiflung aus Angst als *Schuld*; denn erst im Glauben begreift der Mensch, daß ihm in all seiner Verzweiflung ständig Gott gefehlt hat und daß er nur in diesem Fehlen Gottes sich selbst verfehlen *mußte*«.[13]

Auf diese Weise erhält nicht nur der Inhalt des Erbsündendogmas eine neue Anschaulichkeit: Die Heillosigkeit, von der das Erbsündendogma spricht, äußert sich auch noch im seelischen Kranksein. Auch die theologische und philosophische Anthropologie gewinnt nun eine neue Bedeutung für die humanwissenschaftliche Theorienbildung: Das Übermaß an Heillosigkeit und Leiden kann nicht auf rein biologische Gründe zurückgeführt werden. Dahinter steht letztlich die Daseinsangst im Feld des Unglaubens.

Dieser kurze Blick auf die gegenwärtige theologische Diskussion des Erbsündenverständnisses sollte zeigen: Auf der einen Seite ist ein bestimmtes, fragwürdiges Verständnis von Erbsünde überwunden worden. Auf der anderen Seite hat die traditionelle kirchliche Erbsündenlehre von verschiedenen Seiten aus ein neues großes theologisches Interesse gefunden.[14] Was bedeutet also die kirchliche Erbsündenlehre?

2. Zur Bedeutung der kirchlichen Erbsündenlehre

Was ist der Inhalt der kirchlichen Erbsündenlehre? Was sagt das Erbsündendogma? Diese Frage läßt sich nur beantworten, wenn man berücksichtigt, wie ein Dogma etwas sagt. Was ist überhaupt ein Dogma? Eine der einfachsten und zutreffendsten Antworten stammt von Karl Rahner. Er soll einmal gesagt haben: »Dogmen sind wie Straßenlaternen. Sie weisen in der Nacht dem Irrenden den Weg, aber nur Betrunkene halten sich daran fest.« Das Erbsündendogma wäre also demnach als eine Art Straßenlaterne zu verstehen, die dem Herumirrenden einen Weg eröffnet. Es tut dies, indem es verhütet, daß man auf der einen Seite des Weges oder auf der gegenüberliegenden Seite des Weges in den Graben fällt. Sehen wir uns diese Funktion des Dogmas in seinem Ursprung etwas näher an.

2.1 Der Ursprung des kirchlichen Erbsündendogmas bei Augustinus

Solange keine Gräben vorhanden sind, in denen man verunglücken kann, braucht es auch kein Dogma. Die östlichen Kirchenväter haben z. B. noch keine Erbsündenlehre ausgebildet, weil dies offensichtlich nicht erforderlich war. Auch sie sehen die Menschheit in einem allgemeinen Unheilszusammenhang (nicht aber Schuldzusammenhang) verbunden, aber gegenüber der Gnosis wurde eher der Gedanke der sittlichen Freiheit und Verantwortlichkeit hervorgehoben, wie z. B. der heilige Kirchenlehrer Basilius in seiner 2. Hexaemeron-Homilie im 4. Jahrhundert deutlich belegt:
»Suche daher das Böse nicht außer dir, noch denke an eine ungezeugte Substanz des Bösen; vielmehr sehe sich jeder selbst als den Urheber seiner Bosheit an! Was immer geschieht, trifft uns entweder naturgemäß, wie Alter und Krankheit, oder zufällig wie die unvorhergesehenen Fälle, oft traurige oder auch freudige, die anderweitig verursacht sind, so wenn jemand einen Brunnen gräbt und einen Schatz findet, oder auf den Markt geht und von einem wütenden Hunde angefallen wird. Wieder anderes aber hängt von uns ab, z. B. die Leidenschaften beherrschen oder die Sinnenlust

nicht zügeln, den Zorn überwinden oder an den Beleidiger Hand anlegen, die Wahrheit sagen oder lügen, sanft und gelassen im Benehmen oder stolz und übermütig sein. Worüber du also Herr bist, dafür such' den Ursprung nicht außer dir, sondern laß dir sagen: Das eigentlich Böse nimmt den Anfang mit den freiwilligen Entgleisungen.«[15]

Anders ist die Situation etwas später im Westen beim heiligen Kirchenlehrer Augustinus.[16] Hier gab es gar zwei Gräben, in die man theologisch fallen konnte, nämlich Manichäismus und Pelagianismus. Das Erbsündendogma, als dessen Vater Augustinus angesehen werden kann, kann als der Versuch betrachtet werden, diese beiden Gräben zugleich zu vermeiden.

Der Manichäismus, eine Form der dualistisch-gnostischen Bewegung, hatte das Böse in der Welt mit dem welthaften Charakter der menschlichen Existenz in Verbindung gebracht. Es ist das In-der-Welt-Sein, das den Menschen böse macht. In seiner Seele ist der Mensch gut. Denn die Seele stammt aus dem himmlischen Bereich. Man darf die Attraktivität dieser gnostischen Weltanschauung nicht unterschätzen. Nicht umsonst war auch Augustinus vor seiner Bekehrung (wahrscheinlich neun oder zehn Jahre lang) vom Manichäismus fasziniert. Wie groß die Attraktivität dieses gnostischen Religionstyps ist, kann man ermessen, wenn man bedenkt, daß in einem gewissen Sinn auch die großen asiatischen Religionen des Hinduismus und des Buddhismus dazugehören. Im Westen hat die religiös-philosophische Erlösungsbewegung der Gnosis gerade in der Spätantike und besonders für die damaligen Intellektuellen eine ungeheure Plausibilität besessen. Denn mit dem Zerfall der politisch-religiösen Ordnung des römischen Reiches beschleunigte sich auch der Zusammenbruch der geistigen Welt der Antike. Der Kosmos, das von göttlichen Kräften durchwaltete Ordnungsgefüge der Welt, das bisher Geborgenheit, Sinn und Orientierung geboten hatte, löste sich zunehmend auf. Der spätantike Mensch wird damit in neuer und radikaler Weise auf sich selbst zurückverwiesen, auf seine Subjektivität und Freiheit, aber auch auf seine Verlorenheit, Gebrochenheit, Ausgeliefertheit und Angst. In dieser Situation der Heimatlosigkeit versprach nun die gnostische Bewegung Erlösung durch Wissen, durch Erkennt-

nis (gnosis = Erkenntnis). Diese erlösende »Erkenntnis« (Gnosis) ist zuerst die Erkenntnis des eigenen geistigen Ichs des Gnostikers und der damit wesensgleichen Gottheit. Diese Erkenntnis entfaltet sich dann als Wissen über den Ursprung des geistigen Ichs, über die Ursache seiner Verknechtung in der Welt der Finsternis und über den rettenden Aufstieg in das heimatliche Lichtreich und damit als Wissen über dieses Lichtreich, über Entstehung, Wesen und Schicksal von Weltschöpfermächten, Materie und Welt. Die Frage der Herkunft des Bösen und der eigenen inneren Zerrissenheit wird meist mit Hilfe eines strengen Dualismus gelöst, d. h. einer strengen Trennung und Entgegensetzung von überweltlicher, geistiger und guter Gottheit und ihrer Lichtwelt und negativer materieller Diesseitswelt und ihrem Schöpfer.
Damit ist zugleich eine religiöse und eine rationale Weltanschauung angezielt: Gespalten-Sein und Böse-Sein des Menschen, die generell unübersehbar sind und die, wie gesagt, in der Situation der Spätantike, eine besonders dringliche Frage darstellen, gehen zurück auf die Bemächtigung des Menschen durch die finsteren Mächte der Welt, auf das In-die-Welt-Geworfensein des Menschen. Sie sind letztlich Schicksal. Weil das Böse, die Zerrissenheit und Heimatlosigkeit auf diese Weise ein dem Menschen Äußerliches ist, deshalb kann es auch durch rechtes »Wissen« (Gnosis) überwunden werden. Wer seine wahre Situation und Lage zu durchschauen imstande ist, der kann sich retten. Man muß nur wissen, wie es in Wirklichkeit um die Welt und um einen selbst bestellt ist. Auch Augustinus war in seiner Frühzeit, wie gesagt, Manichäer und überzeugter Anhänger dieser gnostischen Bewegung. In seiner Bekehrung und nach seiner Bekehrung zum christlichen Glauben entdeckte er aber einen anderen Gott, den Gott Jesu Christi und den Gott Israels, der zugleich der Herr der Geschichte und der gute Schöpfergott ist. Er lernte damit auch die Welt in einem neuen Licht zu sehen, nämlich als gutes Geschöpf Gottes, das auf endliche Weise am göttlichen Sein, Gutsein, Wahrsein und Schönsein teilhat. Und er erfährt sich schließlich auch selbst in neuer Weise: als Geschöpf, das in Freiheit und Verantwortlichkeit auf Schöpfer und Schöpfung bezogen ist. Es ist insbesondere der christliche Schöpfungsglaube, der auch die Frage des Bösen in anderer Weise

als die Gnosis beantworten läßt: Das Böse ist kein Sein, sondern ein Tun, ist nicht die Welt, sondern kommt mit dem Menschen in die Welt, ist kein tragisches Geschick, sondern das Ergebnis menschlichen Wollens:

»Und ich forschte, was das Böse sei, und ich fand in ihm nicht Wesenheit, sondern Umsturz im Willen, eines Willens, der sich dem höchsten Wesen, Dir, Gott, entwindet ins Niedere hinab, ›sein Herz hinauswirft‹ und weltfeist sich ins Außen bläht.«[17]

Als Alternative zum tragischen Menschenbild der Gnosis rückt nun also im Rahmen des christlichen Schöpfungsglaubens ein Menschenbild in den Vordergrund, das in erster Linie durch Freiheit, Wille und Verantwortung bestimmt ist. Das Böse ist daher nicht tragisches Geschick, sondern kommt aus der Freiheit des Geschöpfes. Das Böse ist daher in erster Linie Schuld und Strafe: freiwillige Abkehr des Geschöpfs von seinem Schöpfer, der sein Lebensgrund ist, daher schuldhafte Verfehlung seines wahren Grundes und Selbstverfehlung, denen die bösen Folgen auf dem Fuß folgen.

Die Erbsündenlehre hat Augustinus erst entwickelt, als er etwa zwanzig Jahre nach seiner Auseinandersetzung mit den Manichäern eine gegenläufige Polemik zu führen hatte, nämlich mit Pelagius und den Pelagianern. Angesichts der sich entwickelnden volkskirchlichen Situation, in der die Massen in die Kirche zu strömen begannen – zum Teil ohne besondere Bekehrung, zum Teil mehr oder minder unverhüllt um äußerer Vorteile willen –, hatte der englische Mönch Pelagius, der (wie dann vor allem auch seine Anhänger) eine Zeitlang in Nordafrika wirkte, zu einer wirklichen Umkehr und zu einem wirklichen christlichen Leben aufgerufen. Aus pastoralem Eifer appellierte er gerade an die individuelle Freiheit und Verantwortlichkeit des einzelnen, die er in seinem Geschöpfsein grundgelegt sieht. Man muß vor allem den ernsten Willen haben, sich zu ändern. Auf diese Weise bewegt sich Pelagius mehr oder weniger auf der Linie der antimanichäischen Schriften Augustins, von denen gerade die Rede war.

Inzwischen ist Augustinus allerdings weitergegangen. Er hat versucht, seine Konversion zu verarbeiten; er hat intensiv die paulinischen Schriften gelesen; er hat versucht, mit dem biblischen

Erwählungsglauben und mit der Frage der Gerechtigkeit Gottes fertig zu werden; in seiner pastoralen Arbeit ist er außerdem mit der Notwendigkeit einer theologischen Begründung der Kindertaufe konfrontiert worden. Auf diesem Hintergrund liest er nun auch die biblische und kirchliche Überlieferung mit anderen Augen. Damit treten nun anderen Aspekte der christlichen Anthropologie in den Vordergrund: nämlich die furchtbare Macht des Bösen und der Sünde und die Einzigartigkeit der Erlösung durch Jesus Christus. Wenn die Sünde demgemäß nicht nur eine freie Übertretung des einzelnen ist, sondern als Macht der Sünde dem einzelnen immer schon vorausliegt und so diesen sozusagen in eine Gemeinschaft der Sünde einbindet und so seine ganze Situation vor Gott bestimmt, dann kann der Wille sich nicht selbst daraus befreien, dann kann nur noch Gott selbst Erlösung und Befreiung bringen.

Auf dieser Folie muß Augustinus im Pelagianismus nun zwangsläufig eine Verharmlosung der Sünde und eine Entleerung der Gnade Christi sehen. Auf dem Hintergrund der biblischen Tradition und seiner eigenen Erfahrung sah Augustinus diesen pelagianischen Versuch in den dem Manichäismus gegenüberliegenden Graben gefallen. Denn hier ist vergessen, was genauso wie die Begründung des Bösen in der individuellen Verfehlung, im Böses-Tun des einzelnen, zur biblischen Tradition und zur eigenen gläubigen Erfahrung gehört, nämlich die ontologische Tiefe des Bösen, seine kollektive Gestalt und seine schicksalhafte Mächtigkeit.

Um nicht wieder in den Manichäismus zurückzufallen (das hatten ihm die Pelagianer auch immer wieder vorgeworfen), verbindet Augustinus nun beide gegenläufigen Elemente: die persönliche Schuld (die den Tod verdient) und die schicksalhafte Verflochtenheit mit der sündigen Menschheit, in die man durch die Geburt eintritt, im Begriff der Ursünde bzw. Erbsünde. Im Vordergrund steht nun die unabweisbare, weil vorgegebene Schuldhaftigkeit des Menschen, aus der nur der Tod Christi befreien kann. Um sich jetzt noch gegen den Manichäismus abgrenzen zu können, argumentiert Augustinus so: Diese Schuldverfallenheit ist kein unentrinnbares naturales Geschick, sondern sie geht auf den menschlichen Willen, nämlich den Willen Adams zurück, in dem alle Willen eingeschlossen sind:

»Weiterhin sage ich (sc. in der antimanichäischen Schrift ›Von den zwei Seelen‹ X, 12): ›Es gibt nirgends als nur im Willen Sünde.‹ Die Pelagianer könnten meinen, das sei zu ihren Gunsten im Hinblick auf die kleinen Kinder geschrieben, denn sie erklären doch, daß Kinder ohne Sünde seien…, weil sie noch nicht die Entscheidungsfähigkeit des Willens besitzen. Aber jene Sünde, die sie ursprünglich von Adam erhalten, weshalb auch sie in seine Schuld verwickelt sind und seiner Strafe teilhaftig werden, ist gerade nicht ohne Willen geschehen, als das göttliche Gebot übertreten worden ist.«[18]

Damit ist im Grunde das spätere kirchliche Erbsündendogma in seinen Grundzügen bereits vorhanden: Die gläubige Erfahrung des Bösen ist (aufgrund der genannten Umstände) vor allem als Erfahrung der Schuld verstanden, weshalb auch die Erlösung vor allem als Erlösung von der Sünde gesehen wird. In diesem Rahmen wurde nun die Willentlichkeit der Übertretung mit der universalen Macht des Bösen (d. h. der Sünde) im Begriff der Ursünde bzw. Erbsünde verbunden, um damit (neben anderen Dingen) die Universalität der Erlösung durch Jesus Christus und die Notwendigkeit der Kindertaufe zu erklären und zu begründen.

2.2 *Zur rechten Auslegung des Erbsündendogmas*

Wie ist dieses Dogma heute auszulegen?[19] Zunächst ist zu beachten, daß Dogmen in der Regel eine negative Bestimmung darstellen. Denn ihre Hauptintention ist nicht, ein bestimmtes Glaubensverständnis zu kanonisieren, sondern falsche Glaubensvorstellungen und Glaubensverständnisse in der Gemeinschaft der Glaubenden abzuwehren. Auch das hier bei Augustinus entstehende Erbsündendogma ist infolgedessen in erster Linie als eine negative Bestimmung zu lesen. Es dient ja auch historisch gesehen in der Tat zunächst der Abwehr von zwei gegenläufigen Mißverständnissen des christlichen Glaubens, nämlich des Manichäismus und des Pelagianismus. Das Dogma soll den Christen helfen, auf dem Weg des Glaubens voranzuschreiten, ohne auf der

einen Seite in den Graben des Manichäismus und ohne auf der anderen Seite in den Graben des Pelagianismus zu fallen.
In zweiter Hinsicht steht allerdings hinter dem nun entstehenden Erbsündendogma auch eine doppelte, wenn man so will, gegenläufige gläubige Gotteserfahrung und Selbsterfahrung, die alle Christen, angeleitet durch das biblische Zeugnis, machen können und auch immer wieder machen.
Es ist erstens auf der einen Seite die Erfahrung des eigenen Schuldigwerdens, der Verantwortung für die eigenen Verfehlungen, des Nicht-Abschieben-Könnens der eigenen Schuld und der verheerenden Folgen der Verfehlungen (der Sündenstrafen). Diese Selbsterfahrung korrespondiert einer Gotteserfahrung, in der der Schöpfergott und der gerechte Richter im Mittelpunkt steht. Es ist auf der anderen Seite aber auch die Erfahrung, daß das Böse in der Welt mehr ist, als nur die individuelle böse Tat. Wer sich vor dem Angesicht des heiligen Gottes mit seiner Verfehlung konfrontieren läßt, der lernt darin auch (und die prophetischen Texte z. B. sind voll von dieser Einsicht), daß die Sünde bzw. die Verfehlung nicht nur das Bewußtsein, sondern auch das Sein des Menschen betrifft. Sünde hat zwar mit subjektiver Zurechnung zu tun (Schuldbewußtsein, Gewissen), aber sie überschreitet zugleich auch das subjektive Selbstverständnis in die Abgründe der Person hinein. Deshalb bemißt sich das Sündersein nicht allein am subjektiven Schuldbewußtsein. Nicht jeder, der kein Schuldbewußtsein hat, ist unschuldig. Sich zu seiner Sünde zu bekennen, ist sogar sehr schwierig. Normalerweise suchen wir eher nach einer Entschuldigung oder setzen auf eine Verdrängung der Schuld. Sich zu seiner Sünde zu bekennen, setzt immer Umkehr und Bewußtseinsänderung voraus. Sünde hat also so etwas wie eine ontologische Tiefe.
Zweitens kann man die Erfahrung machen, daß Sünde bzw. Verfehlung nicht nur die Tat eines individuellen Subjektes ist, sich nicht in individueller Schuld erschöpft, sondern auch eine kollektive Dimension hat. Der Sünder ist nicht nur ein Ich, sondern auch ein Wir. Sündersein ist immer auch – manchmal offenkundig, manchmal verborgen – ein Mithandeln, Zusammenwirken, ein Hineinziehen und Hineingezogenwerden. Keiner fängt mit seinem

Leben beim Nullpunkt an, und keiner handelt allein. In seinem Gutes Tun und in seinem Böses Tun setzt er eine Geschichte fort und handelt zusammen mit anderen. Sünde hat auch eine kollektive Dimension.

Drittens kann jeder Gläubige die Erfahrung machen, daß Sünde bzw. Verfehlung nicht nur die freie Tat einer Person bzw. eine vom Menschen gestaltete Situation ist, sondern daß sie auch eine dämonische Macht ist, die ihn verführt, vergewaltigt und gefangenhält. Sünde hat daher auch mit tragischer Verstrickung zu tun. Als eine solche dämonische Macht haust sie nicht nur im menschlichen Geist, sondern auch in allen materiellen und strukturellen Lebensumständen, besonders in den Strukturen der Gesellschaft. Diese zweite Seite der Selbsterfahrung korrespondiert einer Gotteserfahrung, in der die Heiligkeit, die Barmherzigkeit und die erlösende und befreiende Nähe Gottes im Mittelpunkt stehen. Gerade im Zusammenhang dieser Gotteserfahrung erscheinen das Böse und die Sünde des Menschen in der gerade angedeuteten Weise.

Als Augustinus die Erbsündenlehre entwickelt und den Erbsündenbegriff gebildet hat, hat er nichts anderes getan, als diese beiden gegenläufigen Grundgefahren und Grunderfahrungen des christlichen Lebens im Umgang mit dem Bösen in einem Begriff zusammenzubinden, sozusagen als Straßenlaterne für die Gläubigen, die sie daran hindern sollte, auf ihrem Weg des Glaubens und im Verständnis des Bösen in ihrer Existenz in den Straßengraben zur Rechten oder in den Straßengraben zur Linken zu fallen. Am Ursprung der kirchlichen Erbsündenlehre haben die beiden Straßengräben die Namen Manichäismus und Pelagianismus, aber diese beiden Gefahren drohen ständig: Entweder die eigene Verantwortung für das Böse durch Abschieben auf andere Ursachen zu leugnen und damit nicht nur die Wahrheit, sondern auch sich selbst zu verfehlen, weil man sich etwas vorlügt, oder aber die Macht des Bösen zu verharmlosen und ihr damit nur um so schneller zu verfallen, indem man sie auf die eigene sittliche Anstrengung reduziert. Nur wer die absolute Notwendigkeit und Größe der schöpferischen, erlösenden und vollendenden Nähe Gottes erfahren hat, kann auch die wahre Tiefe der Herrschaft des Bösen erkennen. Insofern ist das Erbsündendogma letztlich eine Aussage darüber, was Gott für den Gläubigen bedeutet, nämlich das ein und alles.

2.3 Verstehensprobleme und ihre Gründe

Indem im Erbsündendogma zwei dialektisch miteinander verbundene Grunderfahrungen auf einen Begriff und in eine Aussage gebracht sind, gibt es notwendig Verstehensprobleme, wenn man auf dieser doktrinellen Ebene verbleibt. Denn was auf der Ebene der Erfahrungen zusammen und miteinander existieren kann, das muß nicht auch automatisch auf der Ebene der Begriffe und Aussagen der Fall sein.
Die innere Komplexität und Dialektik der christlichen Glaubenserfahrung (Einzigkeit Gottes, die Vielheit einschließt; Glaube und Gerechtigkeit als Gabe und Aufgabe, die irdischen Zeichen der Nähe Gottes als Offenbarung und Verbergung Gottes; Immanenz und Transzendenz Gottes; Individualität und Sozialität des Glaubens usw.) dürfte auch der Grund dafür sein, daß es nicht nur eine Erbsündentheologie geben kann.
Wie die Geschichte der christlichen Erbsündentheologie in aller Deutlichkeit zeigt, war es auf der Ebene der Lehre und der intellektuellen Verständlichkeit theologisch immer schon schwierig, die verschiedenen Aspekte, Modelle und Ansätze direkt miteinander zu versöhnen oder gar ineinander zu integrieren. Entweder setzte man mehr theologisch an (d. h. bei der Beziehung zu Gott), dann scheint die anthropologische und kosmologische Vermittlung Schwierigkeiten zu bereiten oder die Schwierigkeiten ergeben sich umgekehrt. Entweder setzte man mehr anthropologisch an, dann droht eine Entkosmisierung des Menschen und seiner Sünde, oder man setzte kosmologisch an, dann droht die Besonderheit des Menschen unterzugehen. Entweder setzte man mehr schöpfungstheologisch an, dann scheint der Ernst der Sünde und die Größe der Erlösung aus dem Blick zu geraten. Oder man setzte hamartiologisch (bei der Sündenerfahrung) und soteriologisch (bei der Erlösungserfahrung) an, dann droht die Einheit der Welt und der Geschichte zu verschwinden. Entweder man läßt sich durch Augu-

stinus leiten, dann bleiben anscheinend Irenäus und die griechischen Väter auf der Strecke. Oder man geht von diesen aus; dann läßt sich der augustinische Strang der Überlieferung nur noch schwer integrieren. Die Komplexität und der dialektische Charakter der zugrundeliegenden Erfahrungen macht offenbar eine Vielfalt von Erbsündentheologien notwendig. Es kann gar keine einheitliche Form von Erbsündentheologie geben.
Eine zweite grundlegende Schwierigkeit hängt mit dem geschichtlichen Charakter der Erbsündenlehre zusammen. Sie ist in ihrer konkreten doktrinellen Gestalt Ausdruck eines bestimmten Wegstückes in der Geschichte des Glaubens. Für das richtige Verständnis des kirchlichen Erbsündendogmas ist daher auch dies zu berücksichtigen: Das Dogma versucht begrifflich integrative Erfahrungen festzuhalten (wie z. B. die Einheit des Menschengeschlechts vor Gott im Unheil und im Heil; das Böse als Schicksal und freie Verfehlung, die Aufeinanderbezogenheit von Individuum und Gemeinschaft, die Zusammengehörigkeit von bewußter Tat und personaler Identität, die Zusammengehörigkeit von Geist und Natur), tut dies aber gleichzeitig auf dem Hintergrund von weitreichenden Differenzierungserfahrungen, in denen die Unterscheidungen in den Vordergrund drängen (ob z. B. etwas bewußt und damit verantwortlich oder unbewußt getan worden ist, ob der einzelne als Glied einer Gruppe oder in eigener unverwechselbarer Würde gesehen ist, ob etwas ein geistiger Vorgang oder ein naturales Ereignis ist). Je stärker in der abendländischen Theologie die in der abendländischen Geistes- und Gesellschaftsgeschichte sich ausdifferenzierende Individualität, Subjektivität und Personalität des Menschen rezipiert wird (das ist besonders im Lauf der Neuzeit der Fall), um so schwieriger wird das Verständnis des Erbsündendogmas, wenn es auf die Ebene des Begriffs und der Aussage konzentriert bleibt.
Die mittelalterliche Theologie und auch die konfessionelle Auseinandersetzung beschäftigen sich dagegen vor allem mit bestimmten doktrinellen Teilfragen (vor allem nach dem Wesen der Erbsünde und der Art ihrer Weitergabe), die den Grundrahmen des augustinischen Ursprungs nicht prinzipiell verlassen.[20] Heute ist jedoch gerade diese grundlegende hermeneutische Frage nach den spezi-

fischen geschichtlichen Voraussetzungen der Erbsündenlehre neu zu stellen. Was bedeutet es für das Verständnis des Erbsündendogmas, daß es einerseits grundlegende integrative religiöse Erfahrungen des Bösen zum Ausdruck bringt, andererseits dies aber in einem Kontext tun muß, in dem solche integrativen Erfahrungen in Auflösung begriffen sind.

Für die archaischen und auch noch für die vorhochkulturellen Religionen ist charakteristisch, daß dort eine Reihe von Differenzierungen im Begriff des Bösen und der Sünde, wie sie in den geschichtlichen Hochreligionen und speziell in der abendländischen Entwicklung erfolgt sind, entweder unbekannt oder nicht in derselben Strenge vorhanden sind.[21]

So wird – erstens – z. B. auf die Unterscheidung von Schuld und Strafe weniger Gewicht gelegt, denn das Böse liegt vielfach weniger in der subjektiven Intention und im bestimmten Akt als in seiner Strafbarkeit und äußeren Relevanz. Bisweilen wird sogar die Sündhaftigkeit einer Tat abgestritten, wenn man nicht erwischt wird. So wird auch nicht so streng unterschieden zwischen dem moralischen und dem natürlichen Übel. Das Übles-Erleiden ist in der Regel Folge eines Übles-Tuns. Wo Leiden erfahren wird, wird daher meist sofort gefragt, wer sich verfehlt hat.

Zweitens ist die Objektivität der Verfehlung wichtiger als die Subjektivität und Personalität. Sünde ist primär nicht Verfehlung einer personalen Beziehung, sondern Verletzung einer gültigen Ordnung, ob es sich um die Weltordnung, die Gebote der Ahnen und Geister oder um Gesetze, Sitten, Verhaltensnormen, Vorschriften, Regeln, Riten und Zeremonien, Bräuche und Tabus der Gemeinschaft handelt. Dementsprechend ist für jede Verfehlung eine Wiedergutmachung, eine Strafe oder ein Reinigungsritus erforderlich. Sünde ist auch primär nicht eine böse Gesinnung, sondern eine falsche Tat. Deshalb richtet sich die Schwere der Schuld nicht nach den Umständen bzw. nach dem Grad des Bewußtseins und der Willentlichkeit, sondern nach dem realen Effekt, in welcher Weise nämlich das Leben Schaden genommen hat. So gilt z. B. bei den Cokwe in Zentralafrika ein Mann als schwer schuldig, der mit seinem Sohn auf das Feld gegangen ist und dort einen Baum gefällt hat, der unglücklicherweise auf seinen Sohn gefallen ist und ihn getötet hat. Die Cokwe sagen, daß dieser Mann seinen Sohn hat töten wollen, indem er den Baum als Vorwand benutzte.

Drittens ist Sünde eher ein soziales und kollektives als ein individuelles Phänomen. Sünde ist eigentlich immer direkt oder indirekt eine Verfehlung gegen die Gemeinschaft und ihre Ordnung. Das hängt auch damit zusammen, daß der einzelne nur in seiner sozialen Einbettung existiert, nur als Mitglied einer Gemeinschaft, als Gemeinschaftswesen, und daß diese traditionelle Gemeinschaft einen streng geschlossenen Charakter aufweist, der durch ein Netz von Bluts- und Verwandtschaftsbeziehungen und andere traditionelle Strukturen begründet ist. Deshalb ist die Sünde auch in dem Sinn sozial, daß sie immer auch die übrigen Mitglieder der Gemeinschaft belastet.

Viertens ist Sünde nie eine bloß subjektive-geistige Größe, sondern hat sozusagen auch einen materiellen Charakter: Sie ist wie eine Befleckung, die von der sündigenden Einzelperson auf ihren ganzen Haushalt, auf das Vieh und sonstiges Eigentum übergeht und schließlich auch die Gemeinschaft als ganze tangiert.

Diesen ersten archaischen Grundtyp des Vergehens, der sich auch in älteren Schichten des Alten Testaments findet, hat Paul Ricoeur als Paradigma der »Befleckung« bzw. des »Makels« bezeichnet.[22] Denn dieses Verständnis von Vergehen liegt der Unterscheidung von Missetat und Mißgeschick noch voraus. Jede objektive Verletzung der Weltordnung, eines Verbotes, eines Tabus, ob gewollt oder ungewollt, bewußt oder unbewußt, bewirkt Unreinheit und zieht als Rache der Reinheit die Strafe des Leidens nach sich. Deshalb ist hier die Furcht, sich zu vergehen, allgegenwärtig. Deshalb spielen die Reinigungs- und Sühneriten eine so beherrschende Rolle. Denn sie allein vermögen vom Makel der Befleckung zu befreien und damit die Strafe fernzuhalten. Mit der Auflösung der magischen Weltanschauung und der zunehmenden Personalisierung des Gottes- und Menschenbildes wird diese Vorstellung vom Vergehen obsolet und durch einen neuen Grundtyp ersetzt. Doch gibt es in ihr offenbar bestimmte unverzichtbare Funktionen. Denn diese archaische Vorstellung wird in die neuen Zusammenhänge hinein integriert, wie etwa die Ritualgesetzgebung des Alten Testaments und eben auch die Erbsündenlehre des Christentums belegen.

Ein zweiter Grundtyp des Vergehens findet nach Ricoeur in der »Sünde« der prophetischen Verkündigung seinen Höhepunkt und seine abschließende Gestalt. Ausgangspunkt ist hier nicht mehr die Erfahrung des Leidens und der Furcht, sondern der Bundesglaube, die Heilserfahrung. Vergehen als »Sünde« versteht sich als Verletzung des Bundes als Treuebruch. Alle Einzelvergehen sind nur Zeichen eines zentralen Vergehens, das aus dem bösen Herzen aufsteigt, des Unglaubens. Zugleich ist Sünde ein Vergehen gegen die Forderung des Gesetzes. In dieser Spannung zwischen der absoluten, aber formlosen Forderung, die die Wurzel des Bösen in das Herz verlegt, und dem begrenzten, die Forderung aufsplitternden Gesetz, das das Sündersein in aufzählbare Übertretungen zergliedert, liegt das Sündenbewußtsein begründet. Sprachlich schlägt sich die Wende von »Makel« zu »Sünde« darin nieder, daß anstelle der Kontaktbezeichnungen nun Orientierungsbezeichnungen treten. Gleichzeitig gibt es aber offensichtlich Erfahrungsaspekte des Vergehens, die damit noch nicht zur Sprache gebracht sind. Sie sind es auch, die eine Integration der Idee des Makels nach sich ziehen: Angesichts der Heiligkeit Gottes erfährt nämlich der Gläubige die Sünde auch als eine Realität, die das individuelle Bewußtsein und Wollen überschreitet, als eine Realität, die in die Tiefen seines Menschseins hineinreicht, als Realität, die auch eine kollektive Größe ist, und schließlich auch als eine Realität, die Machtcharakter hat, die verzaubert, verblendet und gefangenhält. Zur Artikulation dieser Erfahrungsaspekte der Sünde kann neben der Verblendungskategorie auch die Sprache des Makels in die Sündenvorstellung einbezogen werden (vgl. Ps 51,3f).
Ein dritter Grundtyp des Vergehens zeichnet sich nach Ricoeur besonders seit der Exilszeit immer deutlicher ab: die »Schuld«. Aufgrund epochaler Bedingungen tritt nun das subjektive Moment der Verfehlung in den Vordergrund. Zwar existiert dieses bereits im Sündenbewußtsein und auch schon in der Vorstellung des Makels, aber es wird dort zu einem neuen Grundtyp des Vergehens gegenüber der Sünde, wo das »ich bin schuldig« mehr betont wird als das »vor dir, o Gott«. Denn da wird das Gewissen zum Maß des Bösen. Das Vergehen ist also in den Sog des Selbstbewußtseins geraten. Wo es darin aufgeht (sich also vom Sünde-

Sein separiert), kann es zum skrupulösen Gewissen oder auch zum bloßen Schuldgefühl degenerieren. Auf jeden Fall ist jetzt eine Individualisierung und Gradualisierung des Vergehens möglich und notwendig. In der jüdisch-christlichen Tradition kommt es freilich, wie gesagt, nie zu einer völligen Ablösung der Sünde durch das Schuldgefühl, wohl aber zu einer gegenseitigen Durchdringung, die die synonyme Verwendung von Makel, Sünde und Schuld auch noch im heutigen Sprachgebrauch verständlich macht.

Hermeneutisch gewendet bedeutet dies: Ein einfacher Rückgriff auf die überschrittenen Grundtypen Makel und Sünde ist nicht möglich. Auf der anderen Seite ist eine Sündenvorstellung ebenso fragwürdig, die die Grunderfahrungen und Grundaspekte der überschrittenen Grundtypen völlig ausgeschieden, übersehen oder vergessen hat. Sie gehören zum Menschsein vor Gott entscheidend dazu. Wenn daher der individuelle, personale und geistige Aspekt der Sünde so in den Vordergrund gerückt ist, wie dies in der abendländischen Kirchen- und Theologiegeschichte generell geschehen ist, dann ist heute alle Anstrengung darauf zu verwenden, den materialen, sozialen, ontologischen und tragischen Aspekt der Sünde wiederzugewinnen. Dies wäre auch die Voraussetzung dafür, daß die Erfahrungsblindheit der europäischen Christenheit bezüglich bestimmter Dimensionen des Unheils und des Heils, ihr Dualismus, Spiritualismus und Individualismus, überwunden und eine neue ganzheitlichere Glaubenspraxis ermöglicht werden. Denn erst wer sein Vergehen in seiner Ganzheitlichkeit erkennt, der wird auch die erfahrene Versöhnung in der ganzen Breite der Wirklichkeit erfahrbar machen können.

In der christlichen Tradition ist es, wie gesagt, unter anderem auch das Erbsündendogma, in dem versucht wird, den Kern dieser integrativen archaischen religiösen Erfahrung des Bösen und der Schuld festzuhalten, ohne die im Rahmen der geschichtlichen Hochreligionen und dann besonders in der abendländischen Entwicklung stattfindenden Differenzierungsprozesse rückgängig zu machen oder auszublenden. Die Individualisierung, Personalisierung und Subjektivierung des Verständnisses des Bösen und der Schuld ist ja ohne Zweifel und in vielfacher Weise ein wichtiger

Fortschritt. Die begriffliche Undurchsichtigkeit des Erbsündenbegriffs und die damit verbundenen Verständnisprobleme sind nicht zuletzt auch durch diese spezifischen geschichtlichen Voraussetzungen verursacht. Auf der einen Seite kann daher das Erbsündendogma nicht mehr einfach in der Vorstellungswelt der archaischen Religion und Kultur ausgelegt werden. Als Paradigma des Denkens und Glaubens ist das Vergehen als »Makel« Vergangenheit. Aber das bedeutet umgekehrt nicht, daß die geläufigen abendländischen Differenzierungen einfach und schlechthin akzeptiert werden müßten. Sie haben ihren Preis und stellen auch einen Verlust dar, weil sie ursprüngliche integrative Erfahrungen, die für das Selbstverständnis des Menschen unentbehrlich sind, nicht mehr zulassen. Das Erbsündendogma ist daher auch ein Anlaß, solche Differenzierungen (wie etwa Materie-Geist, Natur-Kultur, Notwendigkeit-Freiheit usw.) zu hinterfragen.[23]

All dies ist bei der Auslegung des kirchlichen Erbsündendogmas heute zu berücksichtigen. Es hat demnach keinen Sinn, nach jener Sündenschuld und Sündenfolge zu suchen, die auf geheimnisvollem Weg durch menschliche Zeugung vom ersten Menschen bis in die Gegenwart übertragen wird, wie eine ansteckende Krankheit. Der Katechismus der Katholischen Kirche von 1993 begnügt sich im wesentlichen damit, die traditionellen Bestandteile der kirchlichen Doktrin festzuhalten und in einen eingermaßen konsistenten Lehrzusammenhang zu bringen, muß sich dann aber deswegen in der Frage des Verstehens auf die Offenbarung zurückziehen:

»Wegen dieser ›Einheit des Menschengeschlechtes‹ sind alle Menschen in die Sünde Adams verstrickt, so wie alle in die Gerechtigkeit Christi einbezogen sind. Die Weitergabe der Erbsünde ist jedoch ein Geheimnis, das wir nicht völlig verstehen können. Durch die Offenbarung wissen wir aber, daß Adam die ursprüngliche Heiligkeit und Gerechtigkeit nicht für sich allein erhalten hatte, sondern für die ganze Menschennatur. Indem Adam und Eva dem Versucher nachgeben, begehen sie eine persönliche Sünde, aber diese Sünde trifft die Menschennatur, die sie in der Folge im gefallenen Zustand weitergeben. Sie ist eine Sünde, die durch Fortpflanzung an die ganze Menschheit weitergegeben wird, nämlich durch die Weitergabe einer menschlichen Natur, die der ursprünglichen Heiligkeit und Gerechtigkeit ermangelt. Deswegen ist die Erbsünde ›Sünde‹ in einem übertragenen Sinn: Sie ist eine Sünde, die man ›miterhalten‹ hat, nicht aber begangen hat, ein Zustand, keine Tat.«[24]

Die theologische und pastorale Auslegung kann es jedoch bei dieser doktrinellen Form nicht bewenden lassen. Hier kommt das Verstehen tatsächlich sehr rasch an sein Ende. Die kirchliche Erbsündenlehre ist vielmehr als eine zusammenfassende und in einem Begriff zusammengefaßte Erinnerung an die doppelseitige gläubige (d.h. in der Begegnung mit dem lebendigen Gott erfolgende) jüdische und christliche Erfahrung im Umgang mit dem Bösen in der menschlichen Existenz aufzufassen. Es ist, recht verstanden, nicht eine Erklärung über einen Teil der Welt, der sich menschlicher Erfahrung und menschlichem Verständnis entzieht; eine Erklärung, die man daher blind glauben müßte und die sich auch notwendig in Widersprüche verstricken müßte. Es handelt sich vielmehr um eine begriffliche und lehrmäßige Zusammenfassung der doppelseitigen grundlegenden Selbsterfahrung des sündigenden Gläubigen, wie sie im biblischen Zeugnis immer wieder beschrieben und in Erinnerung gerufen wird.

Insofern ist das Erbsündendogma auch heute noch eine hilfreiche Straßenlaterne, die im Irrgarten menschlichen Verfehlens Gottes, im Irrgarten des Sich-Verirrens und Sich-selbst-Verfehlens immer wieder neu auf den rechten Weg bringen kann. Das gilt gerade auch im Kontext des heutigen Lebens. Die Gefahren der heutigen technischen Hochzivilisation unterscheiden sich ja von den Gefahren der Frühindustrialisierung gerade dadurch, daß sie nicht mehr eingrenzbar sind, daß die etablierten Regeln der Zurechnung und Verantwortung versagen und daß die Gefahren technisch immer nur minimalisiert, aber nie mehr ausgeschlossen werden können. Diese Situation stellt auch das Böses-Tun des Menschen in einen neuen Kontext. Lassen Sie mich schließen mit einem Zitat des Soziologen Ulrich Beck:

»Nicht nur die Seehunde in Nord- und Ostsee sterben einen qualvollen Tod. Selbst bei den Pinguinen am Südpol ist die Chemie, zu der die zivilisatorische Welt im Innersten geworden ist, inzwischen reichlich angekommen. Doch die Justiz, eingemauert in das Selbstverständnis einer anderen Epoche, kann wie zu Dorfrichter Adams Zeiten erst dann eingreifen, wenn im chemischen Universum das traditionelle Relikt eines ›Einzeltäters‹ dingfest gemacht wurde. Das ist eine Spezies, die in der legalisierten Internationale des Schad- und Giftstoffverkehrs allerdings auch ausgestorben ist. In der durch fehlende oder niedrige Grenzwerte gut gesicherten Universalisierung der Gifte kommt die Forderung, einen Einzelnen haftbar zu machen, dem Versuch gleich, die Ostsee mit einem Teesieb auszulöffeln. Genau dies meint *organisierte Unverantwortlichkeit*: Das individuell ausgelegte Verursacherprinzip, *die* Rechtsgrundlage der Gefahrenabwehr, *schützt* die Verursacher, die es zur Verantwortung ziehen soll. Und irrwitzig ist es obendrein, wie eine mit Gesetzen überfütterte, offiziell gegenläufig programmierte Justiz mit ihren hochgestochenen bürokratischen Rechtsansprüchen nahezu perfekt *Alltäterschaft in Freispruch verwandelt.*«[25] Wäre hier die kirchliche Erbsündenlehre, die uns anleitet, unseren Weg zu gehen unter Einschluß der individuellen Verantwortlichkeit und der Macht des Bösen, nicht eine heilsame Alternative?

Literatur

Baumann, Urs, Erbsünde? Ihr traditionelles Verständnis in der Krise heutiger Theologie (Ökumenische Forschungen. Soteriologische Abt. 2), Freiburg, Basel, Wien 1970.

Beatrice, Pier Franco, Tradux peccati. Alle fonti della dottrina agostiniana del peccato originale, Milano 1978.

Beck, Ulrich, Gegengifte. Die organisierte Unverantwortlichkeit (edition suhrkamp 1468), Frankfurt a. M. 1988.

Bongardt, Michael, Der Widerstand der Freiheit. Eine transzendentaltheologische Aneignung der Angstanalysen Kierkegaards, Frankfurt a. M. 1995.

Böttigheimer, Christoph, Der Mensch im Spannungsfeld von Sünde und Freiheit. Die Ökumenische Relevanz der Erbsündenlehre (Münchener theologische Studien. 2. System. Abt. 49), St. Ottilien 1994.

Bürkle, Horst, Schuld im Erbe. Ein Dialog mit anderen Religionen über die Erbsünde, in: R. Schnackenburg (Hg.), Die Macht des Bösen und der Glaube der Kirche (Patmos Paperback), Düsseldorf 1979, 85–97.

Bur, Jaques, Le peché originel. Ce que l'Église a vraiment dit (Théologies), Paris 1988.

Boff, C. und Christo, L., Pecado social y conversion estructural (Coll. CLAR 40), Bogota 1978.

Chappell, T. D., Explaining the Inexplicable: Augustine on the Fall, in: Journal of the American Academy of Religion 62 (1994) Nr. 3, 869–884.

Daecke, Sigurd Martin und Bresch, Carsten (Hg.), Gut und Böse in der Evolution. Naturwissenschaftler, Philosophen und Theologen im Disput (Edition Universitas), Stuttgart 1995.
Drewermann, Eugen, Strukturen des Bösen. 3 Teile (Paderborner theologische Studien 4, 5, 6), Paderborn, München, Wien, Zürich 10., 7., 8. Aufl. 1995, 1995, 1996 (1977, 1977, 1978).
Dyer, George J., Original Sin: Theological Abstraction or Dark Reality?, in: Chicago Studies 17 (1978) 385–398.
Dziewas, Ralf, Die Sünde der Menschen und die Sündhaftigkeit sozialer Systeme. Überlegungen zu den Bedingungen und Möglichkeiten theologischer Rede von Sünde aus sozialtheologischer Perspektive (Entwürfe 2), Münster 1995.
Farley, Edward, Good and Evil: Interpreting a Human Condition, Minneapolis, Minn. 1990.
Forrest, J., Inherited Responsibility, Karma and Original Sin, in: Sophia 33 (1994) Nr. 3, 1–13.
Fürer-Haimendorf, Christoph von, The Sense of Sin in Cross-Cultural Perspective, in: Man 9 (1974) Nr. 4, 539–556.
Griffin, David Ray, God, Power and Evil: A Process Theodicy, Lanham, New York 1991 (1976).
Gross, Julius, Geschichte des Erbsündendogmas. Ein Beitrag zur Geschichte des Problems vom Ursprung des Übels, Bd. 1–4, München, Basel 1960–1972.
Häring, Hermann, Die Macht des Bösen. Das Erbe Augustins (Ökumenische Theologie 3), Zürich, Köln, Gütersloh 1979.
Häring, Hermann, Theologie der Erbschuld, in: P. Gordan (Hg.), Leid, Schuld, Versöhnung. Vorlesungen der Salzburger Hochschulwochen, 24. 7. bis 5. 8. 1989, Graz, Wien, Köln 1990, 119–142.
Hefner, Philip, Biological Perspectives on Fall and Original Sin, in: Zygon. Journal of religion and science 28 (1993) Nr. 1, 77–101.
Hefner, Philip, The Human Factor: Evolution, Culture and Religion, Minneapolis 1993.
Hoping, Helmut, Freiheit im Widerspruch. Eine Untersuchung zur Erbsündenlehre im Ausgang von Immanuel Kant (Innsbrucker theologische Studien 30), Innsbruck, Wien 1990.
Hoping, Helmut, Freiheitsdenken und Erbsündenlehre. Der transzendentale Ursprung der Sünde, in: Theologie und Glaube 84 (1994) 299–317.
Katholischer Katechismus der Bistümer Deutschlands, München o. J. (1955).
Kleffmann, Tom, Die Erbsündenlehre in sprachtheologischem Horizont. Eine Interpretation Augustins, Luthers und Hamanns (Beiträge zur historischen Theologie 86), Tübingen 1995.
Köster, Heinrich, Urstand, Fall und Erbsünde. In der Scholastik (HDG II, 3b), Freiburg, Basel, Wien 1979.
Köster, Heinrich, Urstand, Fall und Erbsünde. Von der Reformation bis zur Gegenwart (HDG II, 3c), Freiburg, Basel, Wien 1982.
Köster, Heinrich M., Urstand, Fall und Erbsünde in der katholischen Theologie unseres Jahrhunderts (Eichstätter Studien NF 16), Regensburg 1983.
Ladaria, L. F., Teología del pecado original y de la gracia. Antropología teológica especial (Sapientia Fidei. Serie de Manuales de Teología 1), Madrid 1993.
Theologie 86Martelet, Gustave, Libre réponse à un scandale. La faute originelle, la souffrance et la mort (Théologies), Paris 4. Aufl. 1988 (1986).

Mattam, J., A Pastoral Approach to Original Sin, in: Vidyajyoti 43 (1979) 377–383.
Pagels, Elaine, Adam, Eva und die Schlange. Eine Theologie der Sünde, Deutsch von K. Neff (re 548), Hamburg 1991.
Ricoeur, Paul, Die »Erbsünde« – eine Bedeutungsstudie (1960), in: P. Ricoeur, Hermeneutik und Psychoanalyse. Der Konflikt der Interpretationen II, München 1974, 140–161.
Ricoeur, Paul, Symbolik des Bösen: Phänomenologie der Schuld II, Freiburg, München 1971 (1960).
Sayes, José Antonio, Antropología de hombre caído. El pecado original (Biblioteca de Autores Cristianos 514), Madrid 1991.
Scheffczyk, Leo, Urstand, Fall und Erbsünde. Von der Schrift bis Augustinus (HDG II, 3a 1.Teil), Freiburg, Basel, Wien 1981.
Scheffczyk, Leo, Die Erbsündenlehre des Tridentinums im Gegenwartsaspekt, in: Forum Katholische Theologie 6 (1990) 1–21.
Schmidt-Biggemann, Wilhelm, Geschichte der Erbsünde in der Aufklärung. Philosophiegeschichtliche Mutmaßungen, in: W. Schmidt-Biggemann, Theodizee und Tatsachen. Das philosophische Profil der deutschen Aufklärung (suhrkamp taschenbuch wissenschaft 722), Frankfurt 1988, 88–116.
Schönborn, Christoph, Görres, Albert und Spaemann, Robert, Zur kirchlichen Erbsündenlehre. Stellungnahmen zu einer brennenden Frage (Kriterien 87), Einsiedeln, Freiburg 1991.
Schwager, Raymund, Erbsünde und Heilsdrama. Im Kontext von Evolution, Gentechnologie und Apokalyptik (Beiträge zur mimetischen Theorie 4), Münster 1997.
Vanneste, Alfred, Le péché originel: Un débat sans issue? in: Ephemerides theologicae Lovanienses 70 (1994) 359–383.
Vanneste, Alfred, La nouvelle théologie du péché originel, in: Ephemerides theologicae Lovanienses 67 (1991) 249–277.
Vorgrimler, Herbert, Christologie – Eucharistielehre – Sündenverständnis. Beobachtungen zu einigen dogmatischen Stichworten, in: H. J. Venetz und H. Vorgrimler (Hg.), Das Lehramt der Kirche und der Schrei der Armen, Freiburg (Schweiz), Münster 1985, 137–154.
Wiedenhofer, Siegfried, »Erbsünde« – eine universale Erbschuld? Zum theologischen Sinn des Erbsündendogmas, in: Theologische Quartalschrift 162 (1982) 30–44.
Wiedenhofer, Siegfried, Auf dem Weg zu einer ökumenischen Hermeneutik. Erläutert am Beispiel des Sündenverständnisses, in: Ökumenisches Forum. Grazer Hefte für konkrete Ökumene. Nr. 8 1985. Festschrift Winfried Gruber, Graz 1985, 89–100.
Wiedenhofer, Siegfried, Zum gegenwärtigen Stand der Erbsündentheologie, in: Theologische Revue 83 (1987) 353–370.
Wiedenhofer, Siegfried, Hauptformen gegenwärtiger Erbsündentheologie, in: Internationale katholische Zeitschrift »Communio« 20 (1991) Nr. 4, 315–328.
Zhuo, X., Original Sin in the East-West Dialogue: A Chinese View, in: Studies in world christianity 1 (1995) Nr. 1, 80ff.

Anmerkungen

1 *Haag,* Geleitbrief, in: Baumann, Erbsünde? 6f.
2 *Drewermann,* Strukturen des Bösen, Teil 3, XLVIII.
3 *Drewermann,* Strukturen des Bösen, Teil 1, LXXXVII.
4 Zur gegenwärtigen und jüngeren Erbsündentheologie vgl. die Übersichten von *Wiedenhofer,* Der gegenwärtige Stand; *Wiedenhofer,* Hauptformen (dort jeweils weitere Literatur) sowie *Wiedenhofer,* »Erbsünde«; *Bongardt,* Der Widerstand der Freiheit; *Böttigheimer,* Der Mensch im Spannungsfeld von Sünde und Freiheit; *Farley,* Good and Evil; *Griffin,* God, Power and Evil; *Häring,* Theologie der Erbschuld; *Hefner,* Biological Perspectives on Fall and Original Sin; *Hefner,* The Human Factor; *Hoping,* Freiheit im Widerspruch; *Hoping,* Freiheitsdenken und Erbsündenlehre; *Kleffmann,* Die Erbsündenlehre in sprachtheologischem Horizont; *Ladaria,* Teología del pecado original y de la gracia; *Sayes,* Antropología de hombre caído; *Scheffczyk,* Die Erbsündenlehre des Tridentinums im Gegenwartsaspekt; *Schwager,* Erbsünde und Heilsdrama; *Vanneste,* Le péché originel; *Vanneste,* La nouvelle théologie du péché originel.
5 Katechismus 1955, 37.
6 Vgl. *Köster,* Urstand, Fall und Erbsünde in der katholischen Theologie unseres Jahrhunderts; *Wiedenhofer,* Zum gegenwärtigen Stand.
7 *Schmidt-Biggemann,* Geschichte der Erbsünde in der Aufklärung.
8 *Boff/Christo,* Pecado social, These 5; zitiert nach *Vorgrimler,* Christologie – Eucharistielehre – Sündenverständnis, 152f.
9 Vgl. *Wiedenhofer,* Hauptformen, 319–321.
10 Vgl. *Dziewas,* Die Sünde der Menschen und die Sündhaftigkeit sozialer Systeme.
11 Vgl. auch *Wiedenhofer,* Hauptformen, 323–325.
12 *Drewermann,* Strukturen des Bösen, Teil 3, LXI.
13 *Drewermann,* Strukturen des Bösen, Teil 3, 502.
14 Auch in der feministischen Theologie und im Rahmen kosmologisch-metaphysischer Fragestellungen; vgl. *Wiedenhofer,* Hauptformen, 321–323, 325f. Gerade im Rahmen der neues Interesse findenden kosmologisch-metaphysischen Fragestellung gibt es einige interessante Neuansätze, in denen die Erbsündenlehre im Zusammenhang der Evolutionstheorie bzw. der Theodizeefrage erörtert wird; vgl. besonders *Schwager,* Erbsünde und Heilsdrama; ferner *Hefner,* Biological Perspectives; *Hefner,* The Human Factor; *Daecke/Bresch* Hg., Gut und Böse in der Evolution.
15 *Basilius,* Hexaemeron, 2. Homilie Nr. 5, in: Des heiligen Kirchenlehrers Basilius des Großen, Bischofs von Cäsarea ausgewählte Homilien und Predigten (Bibliothek der Kirchenväter), München 1925, 32.
16 Zu Augustinus vgl. u. a. *Beatrice,* Tradux peccati; *Chappell,* Explaining the Inexplicable: Augustine on the Fall; *Häring,* Die Macht des Bösen; *Pagels,* Adam, Eva und die Schlange; *Ricoeur,* Die »Erbsünde« – eine Bedeutungsstudie.
17 *Augustinus,* Conf. VII, 16; Augustinus, Bekenntnisse, Übersetzt von J. Bernhart (Fischer Bücherei. Bücher des Wissens 103), Frankfurt a. M., Hamburg 1964 (1955), 123.
18 *Augustinus,* Retractationes I,15,2 (eigene Übersetzung).
19 Vgl. dazu vor allem *Ricoeur,* Die »Erbsünde« – eine Bedeutungsstudie; *Wiedenhofer,* »Erbsünde« – eine universale Erbschuld?; *Wiedenhofer,* Auf dem Weg zu einer ökumenischen Hermeneutik.

20 Zur Geschichte der Erbsündentheologie und des Erbsündendogmas insgesamt vgl. *Gross,* Geschichte des Erbsündendogmas Bd. 1–4; *Scheffczyk,* Urstand, Fall und Erbsünde Von der Schrift bis Augustinus; *Köster,* Urstand, Fall und Erbsünde. In der Scholastik; *Köster,* Urstand, Fall und Erbsünde. Von der Reformation bis zur Gegenwart; *Köster,* Urstand, Fall und Erbsünde in der katholischen Theologie unseres Jahrhunderts.

21 Vgl. dazu vor allem *Ricœur,* Symbolik des Bösen; außerdem *Bürkle,* Schuld im Erbe; *Dyer,* Original Sin; *Forrest,* Inherited Responsibility, Karma and Original Sin; *Fürer-Haimendorf,* The Sense of Sin in Cross-Cultural Perspective; *Mattam,* A Pastoral Approach to Original Sin; *Zhuo,* Original Sin in the East-West Dialogue.

22 Zum folgenden vgl. *Ricoeur,* Symbolik des Bösen.

23 Das geschieht in einer sehr interessanten Weise z. B. bei *Schwager,* Erbsünde und Heilsdrama.

24 Katechismus der Katholischen Kirche, München 1993, Nr. 404. Zu Auslegungen, die direkt bei der doktrinellen Gestalt der Erbsündenfrage ansetzen vgl. *Martelet,* Libre reponse; *Bur,* Le péché originel; *Schönborn/Görres/Spaemann,* Zur kirchlichen Erbsündenlehre.

25 *Beck,* Gegengifte, 10f.

»Die Väter haben saure Trauben gegessen, und den Söhnen werden die Zähne stumpf« (Ez 18,2)

Moraltheologische Überlegungen zur Auseinandersetzung mit dem Phänomen Erbsünde

PETER FONK

»Die Welt ist ein Erbe, das wir am Tag unserer Geburt antreten. In einem Augenblick, der sich nicht genau bestimmen läßt, werden wir uns klar darüber, daß uns dieses Erbe immer die Wahl offenläßt: wir können es ablehnen, indem wir das Leben ablehnen. Von dem Moment aber, da wir das Wissen über die Möglichkeit des freiwilligen Todes besitzen und dennoch weiterleben, übernehmen wir gleichsam die Verschuldung der Welt als unsere eigene Verschuldung. Leben heißt ganz einfach, auch die ganze Fäulnis und die ganze Schuld akzeptieren, anerkennen, daß es sich lohnt, das Erbe trotz der Schulden anzunehmen, oder daß das Leben trotz des Leides und seiner Schweinereien unserer Teilnahme wert ist. In Wahrheit sind wir außerstande, die Aktiva und Passiva der Erbmasse auszurechnen, die Summe von Gut und Böse der Erbschaft zu ziehen, und werden es, entgegen der Hoffnung der alten Theodizeen, nie vermögen.«[1]
Hinter diesen Worten von Leszek Kolakowski steht ein hoher Anspruch. Aus ihnen spricht die Überzeugung, daß es eine grundlegende Solidarität gibt, welche alle Menschen *als Menschen* immer schon umfaßt und jeden in irgendeiner Form mitverantwortlich macht für alles Unrecht, alle Grausamkeiten und für Verbrechen, die in der Welt geschehen. Diese Zumutung ist sicher für viele

Menschen fragwürdig. Und zu Recht – so können wir sofort hinzufügen – wenn sie als nicht mehr hinterfragbar ausgesprochen wird.

1. Die Erfahrung von Erbschuld als Merkmal deutscher Geschichte

Doch widerlegt diese grundsätzliche ethische Einwendung nicht die Tatsache, daß es in der Biographie von Menschen zu Brüchen und dramatischen Konflikten kommen kann, die von der Erfahrung einer alles überwältigenden Schuld geprägt sind. Dabei mag ein unbetroffener Zuschauer durchaus der Überzeugung sein, hier könne im eigentlichen Sinne nicht die Rede sein von tatsächlicher Schuld, sondern nüchtern betrachtet nur von unentrinnbaren Schuldzusammenhängen und tragischen Verstrickungen, in die sich ein Mensch ohne sein Zutun, etwa durch die biologische Tatsache seiner Geburt und seiner Familienzugehörigkeit, gleichsam schicksalhaft hineingestellt weiß.
Das Wort Pascals gilt auch hier: »Das Herz hat seine eigenen ›Vernunftgründe‹, die die Vernunft nicht kennt.«[2] Wer das Problem nur rational angeht und es argumentativ zu lösen versucht, dem mag es abwegig erscheinen, daß ein Mensch niedergedrückt wird von der Last der Verbrechen und der Schuld, die nicht er, sondern die Generationen seiner Väter auf sich geladen hat.
Für die Kinder prominenter Eltern kann es sich als Problem erweisen, ihr eigenes Leben im Schatten berühmter Eltern zu führen. Viele versuchen ein Leben lang vergeblich, aus diesem Schatten herauszutreten. Für die Kinder der Eltern, deren fragwürdige Berühmtheit darin gründet, daß sie in der Zeit des sogenannten Dritten Reiches, während der Nazi-Diktatur in Deutschland, eine Führungsposition bekleideten und so hauptverantwortlich oder zumindest entscheidend mitverantwortlich für den Holocaust waren, wird dieser Versuch zu einer wahren Titanenarbeit. Ohne Hilfe von außen schafft es wohl kaum einer. Viele wählen den Ausweg der Verdrängung, die in Deutschland nach 1945 nicht nur das private, sondern auch das gesellschaftliche Leben prägte. Die

kaum tragbare Last des Schweigens, die ihnen sowohl von ihren Familien wie von der Gesellschaft auferlegt wurde, hat sie in die Isolation gedrängt.

Das Schweigen ist eine Erbschaft, die jedem von ihnen zugewiesen wurde. Niemand hat sie gefragt, ob sie einverstanden sind oder ob sie ablehnen wollen. Damit die Betroffenen mit dieser Erbschaft des Schweigens fertig werden können, muß man beginnen, darüber zu sprechen.

Der israelische Psychoanalytiker Dan Bar-On reiste zwischen 1985 und 1987, fünfzig Jahre nachdem seine Eltern vor den Nazis fliehen mußten, insgesamt viermal nach Deutschland, um mit den Kindern der Täter des Holocaust zu sprechen. Zuvor hatte er sich bereits in Israel intensiv mit dem Leid der »Opfer-Kinder« befaßt, deren Eltern unter oft unvorstellbaren Leiden die Shoah der europäischen Juden überlebt hatten, aber gerade deshalb mit ihren nachgeborenen Kindern nicht darüber sprechen konnten oder wollten, weil sie fürchten mußten, daß im Aussprechen der Erinnerung die Vergangenheit wieder lebendig werden könnte. Sie wollten vergessen, um nicht immer wieder an die Qualen und den Tod so vieler Menschen erinnert zu werden.

Die Tabuisierung des Holocausts durch die Überlebenden wurde zu einer Traumatisierung für ihre Kinder. In vielen Fällen wurde eine doppelte Mauer des Schweigens aufgerichtet: von den Eltern wie von den Kindern. Die Eltern wollten nicht darüber sprechen und die Kinder wagten nicht, nach dem Unaussprechlichen zu fragen. Doch sie ahnten das verschwiegene Grauen und litten mit bis zum Gefühl des unschuldig Mitleidenmüssens mit dem erlittenen Leid der Eltern.

Dem Psychoanalytiker Dan Bar-On ist die Erkenntnis vertraut, daß Identität und Lebensgestaltung eines Menschen zutiefst mit der seiner Eltern und Großeltern verknüpft ist. So beschäftigte ihn im Anschluß an seine Untersuchungen die Frage, wie denn die Kinder von »Tätern« mit der Last der Schuld ihrer Väter umgehen, wenn schon die Kinder der überlebenden Opfer durch das Trauma der Vergangenheit sprachlos gemacht wurden?

Während seiner vier Besuche in Deutschland trat er mit 58 »Täterkindern« in Kontakt, von denen nur neun sich weigerten, mit ihm zu sprechen.[3] Die Ergebnisse dieser Begegnungen, eine Fülle von Interviews, die zunächst auf Tonband aufgezeichnet wurden, veröffentlichte er später in seinem Buch »The Legacy of Silence. Encounters with the Children of the Third Reich«, 1989 in englischer Sprache, 1993 unter dem Titel »Die Last des Schweigens. Gespräche mit Kindern von Nazi-Tätern« in deutscher Sprache erschienen.

Es zeigte sich, daß das Schicksal der Kinder von Tätern des Holocausts dem Schicksal der Kinder von Opfern in gewisser Weise verwandt war. Auch sie stehen vor einer doppelten Mauer des Schweigens: Die Eltern, soweit sie überhaupt das Kriegsende überlebt haben und sich zu den Fragen ihrer Kinder äußern können, wollen nicht sprechen und reagieren heftig, bedrohlich oder ausschließend auf die Nachfragen ihrer Kinder, die Kinder selbst hingegen, vor allem bevor sie in die Pubertät kommen, wollen lieber nichts wissen und ihre Eltern durch Nachfragen nicht in Bedrängnis bringen.

In der Rückschau faßt Dan Bar-On später den Gesamteindruck der zahlreichen Begegnungen und Interviews in zwei Bildern zusammen: Das erste Bild ist das der dunklen Seite der Seele. Er schreibt: »Die dunkle Seite der Seele ist wie die unsichtbare Rückseite des Mondes. Wie die eher klinischen Begriffe Verleugnung oder Verdrängung, meint dieses Bild die Existenz eines Wissens oder einer Wahrnehmung, die aus dem Bewußtsein entfernt wurde. Die sichtbare und die Rückseite des Mondes sind zwei unzertrennliche Teile eines Ganzen, wobei die letztere jedoch im Verborgenen bleibt … Die emotionale Isolation meiner Gesprächspartner in der Familie und in der Gesellschaft, die (psychische) Mißhandlung, der sie manchmal ausgesetzt waren, ihre Angst, einen »schlechten Samen« des Bösen oder eine Abnormität geerbt zu haben, ihre widersprüchlichen Gefühle zu ihren Vätern – all dies hielt sie wie eine schwere Last in der Vergangenheit und behinderte sie bei ihren Versuchen, sich davon zu befreien und sich für die Zukunft zu öffnen.«[4]

Aber kein Mensch beginnt sein Leben am Nullpunkt der Geschichte, und Nachfragen lassen sich nicht unbegrenzt unterdrücken. In den Interviews wird deutlich, daß die einzelnen Täterkinder auf sehr verschiedenen Wegen die Wahrheit entdeckten: aus Zeitungen, aus sorgfältig unter Verschluß gehaltenen Briefen, aus Äußerungen von Verwandten oder im Geschichtsunterricht. Jedes hat eine andere Form entwickelt, mit der Last der beschwiegenen Schuld umzugehen. Auf der einen Seite der Skala möglicher Bewältigungsversuche steht jener Arztsohn, der sich auf rätselhafte Weise mit der Wirklichkeit des Bösen abgefunden hat, auf der anderen Seite der Sohn eines prominenten SS-Mitglieds, der später zum Judentum konvertierte und heute als Rabbi in Jerusalem lebt.

Eines der bemerkenswertesten Interviews führte Bar-On mit Martin Bormann, dem Sohn des gleichnamigen Sekretärs von Adolf Hitler. Für Martin Bormann erlangten die Interviews mit Bar-On besondere Bedeutung, weil sie ihn ermutigten, sein Schweigen zu brechen und sein bisheriges Leben, das nach 1945 ein bewußtes und entschiedenes Leben gegen den Schatten des Vaters war, in Form einer Biographie zu veröffentlichen, die inzwischen unter dem gleichlautenden Titel[5] erschienen ist. Geboren 1930 als ältestes von zehn Kindern, verlebte er seine Kindheit in der nächsten Umgebung des »Führers« auf dem Obersalzberg. Die weitere Erziehung erfolgte auf einer Reichsschule der NSDAP und war konsequent darauf angelegt, eine nationalsozialistische und antikirchliche Einstellung zu vermitteln. Das Ende des Krieges erlebte er zunächst als völligen Zusammenbruch seiner bisherigen Weltanschauung und konnte von einem Schulkameraden nur mühsam am Suizid gehindert werden. Auf abenteuerliche Weise gelang es ihm, unter falschem Namen bei einer Bergbauernfamilie im Salzburgerland unterzutauchen. Während dieser Zeit erfuhr er durch die Zeitung, welche grauenvollen Verbrechen bis hin zum systematisch geplanten Völkermord während der Nazizeit begangen worden waren. Gleichzeitig wurde er mit der Erkenntnis konfrontiert, daß sein Vater zu den Leuten zählte, von denen Hitler seine Ideen bekam und von daher zu den Hauptverantwortlichen für das unermeßliche Leid zählte, das über viele Menschen hereingebrochen war.

Das Leben im Kreis der Bergbauernfamilie und die Erfahrung eines gelebten Christentums übten einen starken Eindruck auf ihn aus und halfen ihm bei der Ausheilung der eigenen tiefsitzenden Verwundungen, welche die Begegnung mit der tatsächlichen Vergangenheit ihm zugefügt hatte. So fand er den Weg zum katholischen Glauben, der ihn schließlich in die Ordensgemeinschaft der Herz-Jesu-Missionare und zur Priesterweihe führte. Nach jahrelanger Missionstätigkeit in Afrika, während der er schwer erkrankte und zeitweilig in die Gewalt von Aufständischen geriet, kehrte er schließlich nach Deutschland zurück. Ein schwerer Autounfall hatte zur Folge, daß er sich von den Ordensgelübden entbinden ließ und den dritten Lebensabschnitt als Religionslehrer an einer Berufsschule verbrachte. Die Begegnung mit Bar-On fiel in die letzten Jahre seiner Lehrtätigkeit dort und führte zu dem bereits angedeuteten Entschluß, im vierten Quartal, nach der Pensionierung, die eigene Geschichte aufzuarbeiten. Dieses Vorhaben verwirklichte er, als er seine Lebensgeschichte niederschrieb und sie veröffentlichte.

In der vorliegenden Form handelt es sich aber nicht nur um die Rekonstruktion biographischer Daten, sondern der entschlossene Zugriff auf die eigene Vergangenheit und das Gewordensein der eigenen Identität, oft unter Brüchen und schmerzhaften Abschieden vollzogen, bietet den Gesamtentwurf einer bis in die Wurzeln bedachten Lebensgeschichte. Entscheidende Wendepunkte in dieser Lebensgeschichte stellen den Verfasser vor die Frage, in welcher Weise Kinder von der Schuld ihrer Eltern, die sie unbewußt auf sich selbst übertragen und auf der dunklen Seite ihrer Seele abgelegt haben, betroffen sind und dafür Verantwortung übernehmen müssen. Mit Blick auf die Person seines Vaters trägt Martin Bormann seine feste Überzeugung vor, daß Kinder zwar oftmals an der Schuld ihrer Eltern tragen und selten der seelischen Belastung durch Trauer und Scham entkommen können, dennoch die Kinder kaum jemals verantwortlich zu machen sind für die moralische Schuld ihrer Eltern.[6] Dasselbe gilt umgekehrt genauso: Auch die Kinder sind von einem bestimmten Zeitpunkt an für ihr Tun oder Nichttun selbst verantwortlich und können sich nicht als stete Dauerentschuldigung auf Erziehungsfehler ihrer Eltern berufen.[7]

Welche Auswirkung hat aber diese Einsicht für das eigene Leben, vor allem aber für den Weg in den Orden und zum Priestertum gehabt? Martin Bormann gibt zu, daß es eine Zeit in seinem Leben gab, in der der Gedanke stellvertretender Sühne für die Schuld des Vaters den Entschluß zum Eintritt in die Ordensgemeinschaft stark beeinflußte. Ihm, dem Theologen, wurde während seines Studiums aber zunehmend klar, daß die Erlösungstat Jesu Christi ein für allemal genügt und keiner Ergänzung mehr bedarf. Die Praxis einer Sippenhaft, deren Opfer er auf sublime Weise mehrmals in seinem Leben wurde, erweist sich von daher nicht nur als moralisch völlig unsinnig, sondern als zutiefst unbiblisch und deshalb von ihrer Voraussetzung her mit dem christlichen Glauben unvereinbar.

Die Wahrheit solcher Erkenntnis wirkt befreiend. Aus der Sicht Martin Bormanns verdichtet sie sich zu einer äußersten Sinnspitze in einem Wort des Propheten Ezechiel, das sich übrigens in einer Parallele auch beim Propheten Jeremia findet: »Wie kommt ihr dazu, im Land Israel das Sprichwort zu gebrauchen: Die Väter essen saure Trauben, und den Söhnen werden die Zähne stumpf? So wahr ich lebe – Spruch Gottes, des Herrn – , keiner von euch in Israel soll mehr dieses Sprichwort gebrauchen. Alle Menschen sind mein Eigentum, das Leben des Vaters ebenso wie das Leben des Sohnes, sie gehören mir. Nur wer sündigt, soll sterben« (Ez 18,2–4).[8]

Es sind die Worte des Propheten Ezechiel, die auch die Berliner Politikwissenschaftlerin Gesine Schwan in ihrem faszinierenden Überblick über das uralte Menschheitsthema von Schuld und Verantwortung wieder aufgreift. Das glänzend geschriebene Buch trägt den Titel »Politik und Schuld. Die zerstörerische Macht des Schweigens«[9] und will den Zusammenhang von Politik und Schuld systematisch untersuchen. Nachdem die Verfasserin das Problem der Schuld aus religionsphilosophischer und psychologischer Sicht eingehend diskutiert hat, untersucht sie das Phänomen der beschwiegenen Schuld am Beispiel des Nationalsozialismus sowie die psychischen und sozialen Folgen des Beschweigens in den Familien und kommt zu dem Ergebnis, daß beschwiegene Schuld nicht nur das Selbstbewußtsein und die Fähigkeit, Vertrauen schenken zu können, bei allen Betroffenen zerstört, sondern letztlich auch die Fundamente einer lebendigen Demokratie unterhöhlt.

Die Ausgangsthese von Gesine Schwan lautet: »Moralische Schuld vererbt sich nicht.«[10] Als biblische Belegstelle für ihre These greift sie ebenfalls ein Wort Ezechiels auf, den sie aus demselben Kapitel wie Bormann – nur wenige Sätze später – zitiert: »… wer sündigt, der soll sterben. Aber der Sohn soll nicht die Schuld des Vaters tragen und der Vater nicht die Schuld seines Sohnes tragen« (Ez 18,20).
Diese sehr pointiert formulierte These könnte die Vermutung nahelegen, die Verfasserin wolle der christlichen Lehre von der Erbsünde endgültig den Abschied erteilen. Doch schon der nächste Satz macht deutlich, daß das keineswegs ihre Absicht ist, denn sie fährt fort: »… aber die psychischen und moralischen Folgen ihres Beschweigens (der moralischen Schuld, Ergänzung d. Verf.) beschädigen noch die folgenden Generationen und den Grundkonsens einer Demokratie.«[11]

2. Ergebnis der bisherigen Überlegungen

Zweifellos ist es als Fortschritt zu werten, daß die personale Zurechnung der sittlichen Fehlhandlung als Schuld erst dann erfolgt, wenn *dem subjektiv auch ein Unrechtsbewußtsein entspricht*. Das unterscheidet sowohl das christliche Verständnis wie auch das moderne Strafrecht grundsätzlich von archaischen Vorstellungen, die sich mit dem Aufweis der realen Objektivität der Schuld begnügten und es deshalb durchaus als rechtens ansahen, eine Person, gleichgültig was ihr Motiv oder ihr Bewußtsein von ihrer Tat war, für das Kollektiv büßen zu lassen.
Aber zugleich birgt die Verlegung der Schuld in das subjektive Bewußtsein, zumal wenn sie ausschließlich wird, auch eine Gefahr. Es verblaßt das Bewußtsein gegenseitiger Abhängigkeit und Verbundenheit der Menschen in ihren Fehlhandlungen, weil jeder nur noch für seine eigene Tat steht. Die Radikalisierung des letzten subjektiven Stadiums, in dem allein das individuelle Schuldbewußtsein zum Kriterium der Schuld gemacht wird, wirft aber unvermeidlich die Frage auf, ob diese Entwicklung nicht im nächsten Schritt zu inhaltlicher Beliebigkeit, letztlich zur Nivellierung

der axiomatischen Grunddifferenz zwischen Gut und Böse führt, weil die Feststellung und die inhaltliche Bestimmung von Schuld allein zur Privatsache erklärt werden?[12] Am Ende wäre nur noch der schuldig, der sich subjektiv auch schuldig fühlt, ganz gleich, ob er andere verletzt hat oder diese unter ihm leiden mögen.
Wenn wir Schuld nur noch als ein rein individuelles Phänomen betrachten und unsere gegenseitige Abhängigkeit und Angewiesenheit in ihr ausblenden, banalisieren wir sie leztendlich.
Die recht verstandene Lehre von der Erbsünde klärt uns über die Einseitigkeit des sich absolut setzenden Subjektivismus auf und öffnet uns wieder den Blick für die Einheit des Menschengeschlechts, die sich auch in der Erfahrung artikuliert, daß es über alle kategoriale Schulderfahrung hinaus die vorgängige Erfahrung einer Gefährdung oder Zerstörung der Beziehung zwischen den Menschen, zwischen Gott und den Menschen sowie im Selbstverhältnis des Menschen gibt, die wir manches Mal vielleicht nur apologetisch oder fatalistisch oder auch resignativ als Schuldverstrickung bezeichnen, deren Sinn wir aber wohl erst in der christlichen Rede von der Erbsünde richtig wahrnehmen.
Mit dieser Aussage ist nicht schon die Behauptung verbunden, daß der Bedeutungsgehalt dieser Lehre unproblematisch sei und unmittelbar verständlich. Wohl hat der erste Teil unserer Überlegungen, der sich den Biographien der Kinder von Tätern und Opfern des Holocausts zugewandt hatte, deutlich werden lassen, daß der sachliche Gehalt dieser Lehre sehr wohl mit den realen Nöten und Problemen der Menschen in der Welt von heute korrespondiert.

3. Zur Geschichte der Erbsündenlehre

Gleichzeitig läßt ein kurzer Blick in die Geschichte der Erbsündenlehre und die heute faktisch vorliegenden Versuche ihrer aktuellen Reformulierung erkennen, daß eine umfassende und allgemein zugängliche theologische Definition nicht so leicht zu erbringen ist wie eine Darstellung auf der Ebene der konkreten Phänomene.
Schon die Rezeption der biblischen Ausgangstexte durch die

Vätertheologie war von Beginn an mit hermeneutischen Problemen belastet und gegen Mißverständnisse nicht gefeit.
Die Ausbildung einer formellen Erbsündenlehre in der Theologie des Westens geht auf Augustinus zurück. Im Kontext seiner Gnadenlehre und der pelagianischen Kontroverse interpretierte er Röm 5,12 auf die Sünde des ersten Menschen hin, »in der alle gesündigt haben«.[13] Doch während für Paulus Adam umfassendes Symbol verfehlten menschlichen Daseins vor Gott ist, so daß Sünde als geschichtsbestimmende Macht einerseits und die Ratifizierung dieser Vorgabe durch die je eigene, persönlich zu verantwortende Tat andererseits zusammengedacht werden, wird diese bei Paulus implizierte Dialektik von Augustinus durch die Einführung eines traduzianistischen Denkmodells weitgehend aufgehoben. Mitverantwortlich für die Auffassung Augustins, das 5. Kapitel des Römerbriefes (5,12–21) stelle die Grundlagen der von ihm vertretenen Erbsündentheologie bereit, ist wohl auch die Tatsache, daß ihm der besagte Text in der altlateinischen Bibelübersetzung vorlag, die allerdings zwei sinnentstellende Übersetzungsfehler enthielt. Der Text, dessen sich Augustinus bediente, übersetzte Röm 5,12 fälschlicherweise »... und so die *Sünde* ihren Weg nahm zu allen Menschen ...« und suggerierte damit, Adam habe seine Schuld auf die Nachkommen übertragen. Die spätere Übersetzung der Vulgata korrigierte richtig: »... und so der *Tod* seinen Weg nahm zu allen Menschen.« Dennoch erwies sich die falsche Übersetzung bzw. die auf ihr beruhende Lehrmeinung, Adam habe seine subjektive Schuld auf seine Nachkommen übertragen, als zählebig. Bis auf Erasmus von Rotterdam hielten die abendländischen Theologen an ihr fest. Auf der Grundlage des lateinischen Textes gelangte Augustinus aber noch zu einer zweiten, nicht minder problematischen Annahme. Der abschließende Nebensatz in Vers 12 lautet dort: »in quo omnes peccaverunt.« Augustinus verstand dieses »in quo« als Relativsatz und sah damit den biblischen Beweis für die traduzianistische Fortpflanzungslehre erbracht. Dieser Auffassung zufolge, die ursprünglich aus dem Stoizismus stammt und von Tertullian in die christliche Theologie übernommen wurde, erhält der neu entstehende Mensch seine Seele aus dem materiellen Samen des Vaters. Entsprechend

nahm man in der Konsequenz dieser Vorstellung an, daß ursprünglich die Seelen aller Menschen in Adam vereint gewesen seien. Tatsächlich ist die Wendung »in quo« aber der Versuch, das griechische »eph´hô« wiederzugeben. Heute besteht unter den Exegeten aller Konfessionen weitgehend Übereinstimmung darüber, daß der abschließende Nebensatz nicht relativ, sondern kausal zu verstehen ist. Die korrekte Übersetzung ins Deutsche muß also lauten: »*weil* in Adam alle gesündigt haben.« Eine traduzianistisch zu verstehende Erbsündenlehre, wie sie Augustinus meinte erkennen zu können, liegt also in Röm 5,12 gewiß nicht vor.

Die augustinische Lehre bzw. die Wirkungsgeschichte, die sie in der Folgezeit entfaltete, bildet im übrigen die Grundlage für mancherlei Vorbehalte und Mißverständnisse, mit denen wir uns heute bei Taufgesprächen im Vorfeld einer Kindertaufe immer wieder auseinandersetzen müssen. Bei Augustinus wird nun, wie schon bei seinem Lehrer Ambrosius, dieses Interpretationsmodell noch einmal unterfangen und gestützt von der Vorstellung eines solidarischen Stellvertretungsprinzips, die dem römischen Rechtsdenken entstammt. Inhaltlich besagt sie, daß die Rechtslage eines Familienoberhauptes oder des Stammvaters einer Familie auf seine Nachkommen übergeht. Ist jener in Schulden geraten, gehen diese selbstverständlich auf seine Nachkommen über, die keine Möglichkeit haben, diese Erbschaft auszuschlagen. Begeht er ein Verbrechen oder fällt er in den Sklavenstand, so schafft das für die Familienangehörigen dieselbe Situation, als wenn sie selbst das Verbrechen begangen hätten oder in den Sklavenstand gefallen wären.[14]

Kurz: Sündigt der pater familias oder macht er sich schuldig, dann sündigen in seiner Person sämtliche Familienmitglieder mit und machen sich genauso schuldig. Durch die Übertragung dieser Rechtsvorstellung auf die fragliche Stelle bei Paulus in Röm 5,12 entwickelt Augustinus die folgende Position: In Adam sei die gesamte Menschheitsfamilie schuldig geworden, weil seine Schuld und die verdiente Strafe, die er empfing, völlig zu Recht alle Menschen treffe; denn die Sünde Adams sei durch Fortpflanzung und Vererbung und nicht nur durch Nachahmung – wie Pelagius annahm – an sie weitergegeben worden.[15]

Die theologische Tradition der katholischen Kirche knüpfte an die Lehre Augustins an, sah aber zugleich sehr deutlich die entscheidenden Mängel, die in ihr verborgen waren.
Es waren Thomas von Aquin und – ihm folgend – das Konzil von Trient, die die augustinische Lehre in einem entscheidenden Punkt korrigierten. Zwar hielt man an der Meinung fest, die Erbsünde gehe durch die gemeinsame Herkünftigkeit von Adam auf die gesamte Menschheit über und werde nicht durch das sündige Handeln des einzelnen Menschen je neu aktuiert (propagatione, non imitatione transfusum = DH 1513), schloß sich also in diesem Punkt der antipelagianischen Stoßrichtung der augustinischen Lehrmeinung an – doch gelangten der Aquinate und später das Tridentinum zu einer entscheidend anderen Aussage des Sachverhaltes, worin denn das Wesen der Erbsünde bestehe, vor allem aber auch zur Klärung der wichtigen Frage, ob und in welcher Form sich die Erbsünde von jeder aktuellen Sünde unterscheidet. Thomas und das Konzil deuteten die Erbsünde *als Mangel an übernatürlicher, heiligmachender Gnade,* die jedem aktuellen Handeln immer schon vorausliegt und insofern als transzendentale Bedingung vollkommenen Gelingens der kategorialen sittlichen Handlung anzusehen ist. Jeder Mensch macht im übrigen die alltägliche, aber damit keineswegs banale Erfahrung, daß zwischen seinem Wollen und seinem Können oft ein gar zu breiter Graben liegt. Da die Erbsünde aber nicht selbst verschuldet ist, kann sie auch nur im übertragenen Sinne als Schuld bezeichnet werden.
Wer gegen diese Überlegungen einwendet, sie wirkten etwas weit hergeholt oder wie ein nachgeschobener Rechtfertigungsversuch, dem seien sie an einem leicht zu überprüfenden Beispiel verdeutlicht: Im Gegensatz zu einer aktuellen Personsünde kann niemand die Erbsünde beichten. Der *Katechismus der Katholischen Kirche* aus dem Jahre 1993 hat die Position von Trient zu dieser Frage ebenso übernommen wie Karl Rahner. Ausdrücklich hebt er den analogen Charakter der Erbsünde im Vergleich zur persönlichen Schuldtat hervor[16] und greift ein Begriffspaar der scholastischen Theologie wieder auf, das der Unterscheidung der Sünde Adams von der Erbsünde, insofern sie unseren Daseinsstand bestimmt, durch eine präzise sprachliche Regelung Rechnung trägt: Während der Ter-

minus *peccatum originale originans* auf die Sünde Adams verweist, bezeichnet sein begriffliches Korrelat *peccatum originale originatum* die Erbsünde, die uns bestimmt.[17] Im Gang seiner Überlegungen kommt Rahner mehrfach auf diese Unterscheidung zurück und vertieft den Gedanken, um sodann nachdrücklich das immer noch existierende Mißverständnis eines genetischen Traduzianismus auszuräumen: »Der analoge Schuldreat«, so schreibt er, »der Erbsünde genannt wird, ist nicht die Ausdehnung des personalen Schuldreats ›Adams‹ auf uns, sondern ist konstituiert durch das Fehlen des heiligen Pneuma, das im voraus zu einer sittlichen Entscheidung den Menschen innerlich heiligt oder heiligen würde, wenn es gegeben ist oder wäre, dessen Fehlen aber darum im Voraus zu einer personalen Entscheidung einen analogen Schuldreat konstituiert, *wenn* dieses Fehlen kein bloßes Nichtgegebensein, sondern ein Fehlen gegenüber einem Gegebensein*sollen* besagt.«[18] Zugegeben: Die Sprache Rahners ist in hohem Maße von theologischer Begrifflichkeit eingefärbt. Dennoch läßt sich das der Sache nach Gemeinte keineswegs nur in der Theologensprache aussagen. Die Erbsünde, so dürfen wir wohl festhalten und den Gedanken in ein anderes sprachliches Gewand kleiden, ohne ihm an Schärfe etwas zu nehmen, ist zunächst weder ein biologisch, noch juristisch, psychologisch, soziologisch oder gar historisch erhebbares Faktum – was nicht heißt, daß die Folgen, die sie zeitigt, nicht durchaus Gegenstand dieser Sach- und Wissenschaftsbereiche wären, sondern eine *theologische Ursprungsinterpretation der Menschheit als ganzer und damit zugleich eine moralisch relevante anthropologische Grundaussage.*

4. Das theologische Thema der Moraltheologie

Bevor wir uns im folgenden zwei Aspekten zuwenden, die für die Moraltheologie von hohem Interesse sind, weil sie das ethische und pastorale Handeln der Kirche in der Welt von heute betreffen, sei wenigstens kurz die Frage angesprochen: Was ist eigentlich das genuine Anliegen der Moraltheologie? Wie versteht sie sich selbst als theologische Disziplin?

Einem immer noch weitverbreiteteten Mißverständnis zufolge entwickelt sie die Lehre vom Gebotenen und Verbotenen, vom Dürfen und vor allem vom Nichtdürfen, vom Erlaubten und besonders vom Verbotenen. Diese Sicht, die Moraltheologie auf bloße Normethik reduziert und sie möglicherweise gar auf der Ebene rigider Kasuistik ansiedelt, entwirft ein verkürztes Bild von ihr und kann deshalb getrost als Zerrbild bezeichnet werden. Tatsächlich befaßt sich Moraltheologie mit dem Sein des Menschen, genauer noch: mit dem richtigen und guten Sein des Menschen. Dieser Sachverhalt war im übrigen für die hochmittelalterliche Theologie etwas durchaus Selbstverständliches. Klaus Demmer, der diese von Thomas vertretene Auffassung über das Wesen der Moraltheologie oder auch theologischen Ethik, wie heute zunehmend gesagt wird, übernommen hat, beschreibt deshalb ihre genuine Aufgabe damit, daß er sagt, sie wolle zum umfassenden Gelingen des menschlichen Lebens beitragen.[19]

Gleichzeitig aber wird der Moraltheologe mit der nicht zu leugnenden Tatsache konfrontiert, daß das Erreichen dieser Zielvorstellung beträchtlich erschwert wird und wohl bestenfalls näherungsweise – approximativ – geschehen kann. Der Mensch, um dessen Leben es geht, kann nämlich, das zeigt sich immer wieder aufs neue, aus eigener Kraft gar nicht all das tun, was er – ethisch gesehen – soll und anthropologisch betrachtet im Innersten seines Herzens eigentlich will.

Das ist eine Möglichkeit – gewiß nicht die einzige – von der Wirklichkeit der Erbsünde als authentischer Erfahrung im menschlichen Leben zu sprechen. Der Verdacht, es handele sich hier vielleicht um ein metaphysisches Konstrukt oder einen längst abgelebten Mythos, wird allein schon durch das widerlegt, was Menschen in ihrem Leben am eigenen Ungenügen, am Mißtrauen und an der Angst scheitern läßt. Schlimmer noch als die Angst vor dem Tode, lastet auf manchen die Unfähigkeit zu leben.

So betrachtet hält die Lehre von der Erbsünde ganz sicher jener Frage stand, die als kritischer Maßstab zur Überprüfung an jede Aussage anzulegen ist, die den Status einer legitimen theologischen Aussage beansprucht. Die erste und grundlegende Frage, von deren Beantwortung die Glaubwürdigkeit aller weiteren theologischen Rede abhängt, lautet: Was hat diese theologische Bekenntnisaussage mit meinem Leben zu tun? Anders gespro-chen: Wo kommt die Erfahrung von Erbsünde in meinem Leben vor?

Die Glaubwürdigkeit der Theologie hängt daran, daß die schöpfungstheologische Wahrheit, die sie hermeneutisch aufschlüsseln will, durch das Leben der Menschen gedeckt ist.

Die christliche Lehre von der Erbsünde können wir demzufolge als Deutung einer anthropologischen Grunderfahrung im Lichte des Glaubens betrachten. Es ist die Erfahrung, daß unser Leben von den Bedingungen eines Anfangs bestimmt ist, dessen Wirkmächtigkeit wir fatalerweise darin wahrnehmen, daß dieser Anfang als der uns entzogene nicht nur unsere gegenwärtigen, sondern auch unsere zukünftigen Existenzmöglichkeiten entscheidend bestimmt. Denn das Ursprüngliche ist uns entzogen, und mit ihm jene erste Freiheit, die per definitionem anderer Art ist als die uns jetzt zugängliche Freiheit, die in einem eingeschränkten, geminderten, in einem kreatürlichen Sinne einen Widerschein jener ursprünglichen Freiheit darbietet.

Diese kreatürliche Freiheit ist es, die als Folge der Erbsünde die Ausgangsbedingungen unserer Existenz unter das doppelte Vorzeichen sowohl des Gelingens wie des Scheiterns stellt. Es ist diese Sicht der Erbsünde, die den anthropologischen Pessimismus Augustins, den von ihm formulierten resignativen Indikativ, die Menschheit werde aufgrund der Sünde Adams zu einer Masse der Verdammten (bzw. Masse des Verderbens),[20] umkehrt in eine von Hoffnung erfüllte Betrachtung menschlicher Existenz. Diese gewinnt ihre Berechtigung aus der Heilszusage Gottes an uns, so wie sie durch Jesus Christus vermittelt wurde. Das Wort Gottes an uns heißt nicht Gericht und Verdammnis, es heißt Erlösung und Heil. Gott will, daß das Leben jedes Menschen gelingt. Damit tritt an die Stelle des resignativen Indikativs ein hoffnungsvoller Imperativ, der den ethischen und pastoralen Grundauftrag für das Handeln der Kirche in der Welt von heute umschreibt.

5. Gedanken zu einer verantworteten Tauftheologie

Wenn die Kirche fortfährt, Kinder zu taufen, so wie sie es seit dem 4./5. Jahrhundert getan hat und mit guten Gründen auch in der Zukunft tun wird, dann rechtfertigt sich dieses Handeln aus der Sicht des Phänomens Erbsünde im Lichte der grundsätzlichen moralischen Verpflichtung, in welcher die Kirche gegenüber ihren Gläubigen steht. Tatsächlich gibt es heute nicht wenige Menschen, die der Praxis der Kindertaufe skeptisch gegenüberstehen. Wenn dann zur Rechtfertigung für die Spendung des Taufsakraments der Satz angeführt wird, von der Seele des Kindes müsse die Erbsünde abgewaschen werden, ist diese Auskunft nicht unbedingt geeignet, die Zweifel zu zerstreuen. Sie ist auf jeden Fall erklärungsbedürftig; denn zu Recht werden die Eltern die Frage stellen, in welcher Form sich denn ein solch kleines Kind schon versündigen könne.

Die Auskunft, alle Schuld werde nunmehr vom Kind genommen, kann sich gewiß nicht auf persönlich begangene Schuld beziehen, sondern meint die Erbschuld, die auf den Generationen der Eltern und der Vorfahren liegt und wie ein Schatten die hellen und lichten Chancen verdunkeln kann, die jedem Kind von seinem Schöpfer zugedacht sind. Jeder Mensch wird ungefragt in Lebensverhältnisse hineingeboren, die er sich nicht auswählen kann, die aber nicht nur von seinem eigenen Engagement und seiner eigenen Lebensleistung, sondern auch von der Lebensschuld seiner Vorfahren geprägt sind. Die Rede von der Erbschuld bedarf so gesehen keiner eingehenden Erklärung mehr, weil sie *eine bittere Realität* bezeichnet.

Die Taufe und die in ihr geschenkte Befreiung von der Last der Erbschuld geben jedem Menschen einen großen Vertrauensvorschuß mit auf seinen Lebensweg, die erste unerschütterliche Zusage Gottes an den Menschen, der paradoxerweise seine Freiheit immer wieder dazu verwendet, dem Ja Gottes sein Nein entgegenzusetzen. Die erste Zusage Gottes aber wiegt schwerer: Sein Ja zum Menschen bleibt bestehen, ganz gleich, in welche Richtung der Lebensweg dieses Menschen gehen wird, ob der Mensch auf diesem Weg strauchelt, ob er fällt, sich verletzt oder gar in die Irre geht.

Die Taufe ist damit das erste Wort der Treue Gottes zum Menschen, das ihm im Anblick der Erbschuld zugesprochen wird. Das meint im übrigen auch das Zeichen des Kreuzes, das während der Taufliturgie auf die Stirn des Kindes gesetzt wird. Die Bindung an Gott, die Überantwortung dieses Menschen in seine Hände, gleichsam als sein Eigentum, impliziert umgekehrt die Zusage Gottes, sich niemals wieder von diesem Menschen zu trennen und die Manifestation seines Willens, daß dieser Lebensweg in jene Freiheit und Erfüllung führt, die der Mensch aus eigener Kraft nicht erreichen kann.
Von daher fällt auch ein Licht auf die Verantwortung, welche die Eltern und die Kirche mit der Taufe übernehmen. Der Kirche ist dabei in besonderer Weise die Verpflichtung auferlegt, die Bedingungen für das Gelingen dieses begonnenen Lebensweges zu vermitteln und sie sicherzustellen. Von daher bindet sich durch die Taufe zuerst die Kirche an das Kind. Sie geht eine Bindung ein, von der sie sich nie mehr distanzieren darf, trotz aller berechtigten Mahnung und Kritik, die sie im Einzelfall durchaus äußern kann. Die Taufe ist daher kein Sakrament der Vereinnahmung, sondern im Gegenteil ein Sakrament, das dem Menschen die Möglichkeit zur Freisetzung und Entfaltung seiner besten Lebensmöglichkeiten trotz oder gerade wegen der Realität der Erbsünde zuspricht.

Das ist zugebenermaßen nur ein Versuch, in einem losen Anschluß an den Reformulierungsversuch des tridentinischen Erbsündendekrets durch Karl Rahner einige Gedanken zu den konkreten Konsequenzen für eine heutige, ethisch und pastoral verantwortete Tauftheologie vorzutragen.
Daß dieser Zugangsweg nicht der einzig mögliche ist, zeigen zahlreiche theologische Ansätze, die sich dem Phänomen von anderer Seite nähern. Es wäre ein zu anspruchsvolles Vorhaben, hier einen Gesamtüberblick geben zu wollen. Im übrigen ist es bereits von anderen erfolgreich durchgeführt worden.[21] Von den fünf Typen einer Erbsündenlehre, die sich auf dem gegenwärtigen Stand theologischer Reflexion etabliert haben – nämlich
– Erbsünde in der Perspektive eines evolutiven Schöpfungsver-

ständnisses (P. Teilhard de Chardin, K. Lorenz, K. Schmitz-Mormann, R. Schwager),

- Erbsünde als sündiges Situiertsein des Menschen (P. Schoonenberg, K. Rahner),
- Erbsünde als strukturelle Sünde (G. Gutiérrez, G. Scherer, M. Knapp),
- Erbsünde als Verhängnis der Angst und als Verzweiflung (S. Kierkegaard, E. Drewermann) und
- Erbsünde als transzendentaler Ursprung der Sünde (P. Hünermann, H. Hoping),

sind in den ersten Teil dieser Überlegungen vor allem die beiden Ansätze eingegangen, welche die Erbsünde als sündiges Situiertsein und als Verhängnis der Angst und der Verzweiflung verstehen.

6. Schlußgedanken

In einem letzten Schritt, der nicht das Ende der theologischen Anstrengung, wohl aber den Abschluß unserer Überlegungen anzeigt, soll mit Hilfe eines Gedankens von Sören Kierkegaard, der ja der Gewährsmann Eugen Drewermanns in fast allen theologischen Fragen und so auch hier war, der Bogen zum Beginn zurückgeschlagen und damit der Kreis geschlossen werden.
Es ist das große Verdienst der Arbeiten Sören Kierkegaards zum Phänomen der Erbsünde,[22] daß er als ihren wesentlichen Gehalt die Einsicht in die Gefährdung und Zerstörung menschlicher Identität herausgearbeitet hat: Wut, Rache, Haß, aber auch die Lust am kleinen Stich, die ganz alltägliche Grausamkeit sind nicht erfaßt, wenn man sie nur als Verstoß gegen normethische Forderungen versteht. Der Holocaust und My-Lai sind nicht ferne Ereignisse im Leben der anderen, sondern sie konnten nur möglich werden, weil im Wesenskern eines jeden Menschen eine tiefgreifende Gefährdung seiner Identität angelegt ist, die nicht nur sein Verhältnis zu sich selbst, sondern auch sein Verhältnis zu Gott und zu den Mitmenschen von Grund auf in Frage stellt. Nicht erst der Abwurf der Atombombe über Hiroshima hat uns das Gefühl gegeben, daß da

etwas kaputt geht, sondern das erste Nein des Menschen gegenüber seinem Schöpfer hat etwas zerstört, das nur Gott selber wieder heil machen kann.
Das anzuerkennen heißt nicht, daß der Mensch keine Chance mehr hätte und mit schicksalhafter Notwendigkeit unrettbar zum Untergang verurteilt wäre. Die Einsicht in jene Bedingungen, unter denen der Mensch ins Dasein tritt und die Aufgabe seines Lebens meistern muß, gibt uns statt dessen eine Perspektive, die wohl realistisch ist und zugleich hoffnungsvoll stimmt: Der Mensch wird nicht als Verbrecher geboren, weil er von Gott nicht zur Sünde bestimmt ist. Er ist nicht schlecht und verdorben bis in den Kern seines Wesens, aber ist auch nicht gut genug, aus eigener Lebensleistung das Gute zu tun. Denn immer wieder legen sich die dunklen Seiten seiner Seele wie ein Schatten über seine besten Möglichkeiten, immer wieder steht er in der Gefahr, vom Schwindel einer mißbrauchten Freiheit in den Abgrund hinabgerissen zu werden, den er in sich selber trägt.
Die Einsicht in den schmerzlichen Bruch zwischen dem, was der Mensch aus sich selbst heraus ist und dem, was er von Gott her sein könnte, kann uns versöhnlich stimmen und vor der Gefahr falschen Moralisierens und vorschneller Verurteilung bewahren. Der Mensch, der die dunkle Seite seines Wesens wahrnimmt, sie nicht verdrängt und verleugnet, sondern sie als Teil seiner Identität integriert, um sie der verstehenden Barmherzigkeit eines Höheren in den Schoß zu legen, wird nicht nur gegenüber sich selbst, sondern auch gegenüber anderen ein wenig gelassener, weitsichtiger und gütiger sein.

Literatur

Aurelius Augustinus, De correptione et gratia, PL 44, 915–946 (= De corrept. et gratia).

Aurelius Augustinus, De peccatorum meritis et remissione et de baptismo parvulorum, PL 44, 109–200 (= De pecc. mer. et rem.).

Bar-On, D., Die Last des Schweigens. Gespräche mit Kindern von Nazi-Tätern, Frankfurt a. M./New York, 1993.

Baumann, U./Kuschel, K.-J., Wie kann denn ein Mensch schuldig werden? Literarische und theologische Perspektiven von Schuld, München/Zürich 1990.

Bormann, M., Leben gegen Schatten. Gelebte Zeit–geschenkte Zeit. Begegnungen–Erfahrungen–Folgerungen, Paderborn [2]1996.
Demmer, K., Moraltheologische Methodenlehre, Freiburg (Schw.) 1989 (= SThE 27).
Drewermann, E., Strukturen des Bösen, 3 Bde., München/Paderborn/Wien 1978.
Drewermann, E., Psychoanalyse und Moraltheologie, 3 Bde., Mainz 1982 ff.
Fonk, P., Zwischen Sünde und Erlösung. Entstehung und Entwicklung einer christlichen Anthropologie bei Sören Kierkegaard, Kevelaer 1990.
Fonk, P., Gegen-Finalitäten–die Ethik des gelingenden Lebens vor der Frage nach dem Leiden, in: Höver, G. (Hg.), Leiden. 27. Internat. Fachkongreß für Moraltheologie und Sozialethik (= Studien der Moraltheologie Bd. 1), Münster 1997.
Ganoczy, A., Aus seiner Fülle haben wir alle empfangen. Grundriß der Gnadenlehre, Düsseldorf 1989.
Gross, J., Entwicklungsgeschichte des Erbsündendogmas, 4 Bde., München 1960–1972.
Hoping, H., Freiheit im Widerspruch. Eine Untersuchung zur Erbsündenlehre im Ausgang von Immanuel Kant, Innsbruck 1990.
Kierkegaard, S., Der Begriff Angst (= BA), in: ders., WW in 4 Bdn., hrsg. v. Diem, H./Rest, W., Köln/Olten 1951 ff.
Kierkegaard, S., Die Krankheit zum Tode (= KT), in: ders., WW in 4 Bdn., hrsg. v. Diem, H./Rest, W., Köln/Olten 1951 ff.
Kolakowski, L., Ethik ohne Kodex, in: ders., Traktat über die Sterblichkeit der Vernunft. Philosophische Essays, München 1967, 89–122.
Pascal, B., Religiöse Schriften, hrsg. v. Lützeler, H., Kempen 1947.
Pieper, J., Über das christliche Menschenbild, Leipzig 1936.
Rahner, K., Die Sünde Adams, in: ders., Schriften zur Theologie, 16 Bde. u. Reg. Bd., Einsiedeln u.a. 1954–1984, Bd.9, 259–275 (= Rahner S).
Ruhe, B., Dialektik der Erbsünde. Das Problem von Freiheit und Natur in der neueren Diskussion um die katholische Erbsündenlehre, Freiburg (Schw.) 1997.
Scharbert, J., Prolegomena eines Alttestamentlers zur Erbsündenlehre (= QD 37), Freiburg 1968
Schoonenberg, P., Theologie der Sünde, Einsiedeln 1966.
Schwager, R., Erbsünde und Heilsdrama. Im Kontext von Evolution, Gentechnologie und Apokalyptik, Münster 1997.
Schwan, G., Politik und Schuld. Die zerstörerische Macht des Schweigens, Frankfurt a. M. 1997.
Westermann, C., Genesis 1–11. Biblischer Kommentar, AT I, 1, Neukirchen-Vluyn [2]1976.
Wiedenhofer, S., Zum gegenwärtigen Stand der Erbsündenlehre, in: ThRv 83 (1987) 353–370.

Anmerkungen

1 *Kolakowski*, Ethik ohne Kodex, 90.
2 *Pascal*, Religiöse Schriften, 102.
3 Vgl. *Bar-On*, Die Last des Schweigens, 63.
4 Ebd., 362.
5 *Bormann*, Leben gegen Schatten.

6 Ebd., 78.
7 Ebd.
8 Ez 18, 2–4; par Jer 31, 29 f; Zit. *Bormann*, Leben gegen Schatten, 200.
9 *Schwan*, Politik und Schuld.
10 Ebd.,17.
11 Ebd.
12 Ebd., 39.
13 *Augustinus*, De pecc. mer. et rem. I, 10,11; PL 44, 115.
14 Vgl. *Ganoczy*, Aus seiner Fülle haben wir alle empfangen, 123.
15 *Augustinus*, De pecc. mer. et rem. I,10,10.
16 *Rahner*, S. 9, 259–275.
17 Ebd., 261. 273.
18 Ebd., 269.
19 Vgl. *Demmer*, Moraltheologische Methodenlehre, 12.
20 *Augustinus*, De corrept. et gratia 7, 12.
21 Vgl. *Hoping*, Freiheit im Widerspruch u. *Wiedenhofer*, Zum gegenwärtigen Stand der Erbsündentheologie.
22 Vgl. *Kierkegaard*, BA u. KT.